Helmut F. Kaplan

Tierrechte und
Menschenrechte – Eine Einheit

Helmut F. Kaplan

Tierrechte und
Menschenrechte – Eine Einheit

Für Uli

ISBN 978-3-7504-8681-2

Herstellung und Verlag: BoD - Books on Demand, Norderstedt
Umschlaggestaltung: Kevin T. Fischer, Werkgemeinschaft Buchbande
Satz und Layout: Kevin T. Fischer, Werkgemeinschaft Buchbande
Bildnachweis Umschlag: © Kagenmi / istockphoto.com

Bibliografische Information der Deutschen Nationalbibliothek:
Die Deutsche Nationalbibliothek verzeichnet diese Publikation in der
Deutschen Nationalbiografie; detaillierte bibliographische Daten sind
im Internet über http://dnb.dd-nb.de abrufbar

Inhalt

„Wir brauchen für den Umgang

mit Tieren keine neue Moral.

Wir müssen lediglich aufhören,

Tiere willkürlich aus der vorhandenen

Moral auszuschließen."

Einleitung

Es gibt so etwas wie eine menschenrechtliche Weltanschauung. Dazu gehört etwa, daß jeder Mensch Anspruch auf ein faires Verfahren vor Gericht hat, daß auch Kinder Rechte haben, daß Menschen ihre Sexualität selbstbestimmt ausleben können, daß es ein Recht auf ein Altern in Würde gibt und in Europa wohl auch, daß die Todesstrafe nicht menschenrechtskonform ist. Von dieser menschenrechtlichen Weltanschauung mag es unterschiedliche Versionen, Varianten, Einfärbungen geben, etwa „linke", liberale oder konservative. Und in bezug auf Einzelfragen wird es Auffassungsunterschiede geben, etwa, ob die „Ehe für alle" eine übertriebene Forderung oder die „Tötung auf Verlangen" eine legitime Forderung ist. Aber wenn konkrete menschenrechtliche Fragen aufgeworfen oder neue Forderungen erhoben werden, weiß doch jeder grundsätzlich, worum es geht, weil jeder quasi über ein basales menschenrechtliches Grundverständnis bzw. Koordinatensystem verfügt.

Das war, wenigstens ansatzweise, am Beginn der Tierrechtsbewegung auch im Hinblick auf die tierrechtliche Weltanschauung der Fall. 1989 hielt Peter Singer, der als Begründer der Tierrechtsphilosophie und -bewegung gilt, an der Universität Salzburg zwei Vorträge, die ich einleitete bzw. moderierte. Mein Buch „Philosophie des Vegetarismus: kritische Würdigung und Weiterführung von Peter Singers Ansatz" (Kaplan, 1988) war vermutlich die erste deutschsprachige Arbeit zum Thema Tierrechte. Mein rororo-Taschenbuch „Leichenschmaus: Ethische Gründe für eine vegetarische Ernährung" (Kaplan, 1993) trug wesentlich zur Verbreitung der im angelsächsischen Raum entstandenen Tierrechtsphilosophie im deutschen Sprachraum bei und wurde breit diskutiert. Tierrechte waren sowohl in den Printmedien als auch im Fernsehen ein wichtiges Thema.

Natürlich wurden Tierrechte auch damals mehrheitlich abgelehnt. Aber wer etwas ablehnt, hat wenigstens ansatzweise eine Ahnung davon, was er ablehnt. Der grundsätzliche Unterschied zwischen der traditionellen Tierschutz-Haltung und der neuen Tierrechts-Forderung war bekannt: „humane" Nutzung der Tiere für menschliche Zwecke versus eigenständige, individuelle Rechte der Tiere. Dieses „Grundwissen" ist inzwischen weitgehend verlorengegangen. Wenn es heute um das Wohl von Tieren geht, sind an die Stelle von Tierrechten längst das (mit diversen „Gütesiegeln" versehene) „Tierwohl", v. a. aber das alles dominierende „Bio" getreten. Insbesondere in der Fleisch-, Milch- und Eierwerbung sind idyllische Bio-Bilder mit sanften Hügeln und saftigen Wiesen buchstäblich flächendeckend. Der Begriff „Tierrechte" wird entweder gar nicht mehr verstanden, für eine exotische Absurdität gehalten oder mit einschlägigen Tierschutzgesetzen oder -bestimmungen verwechselt.

Wie kam es zur heute vorherrschenden Bio-Weltanschauung im allgemeinen und zur Vergötzung von Biofleisch im besonderen? Paradoxerweise auch durch eine „Vegetarismus-Debatte": Im Zuge der intensiven öffentlichen Diskussion der Bücher „Tiere essen" von Jonathan Safran Foer (2010) und „Anständig essen" von Karen Duve (2011) hat sich ein breiter gesellschaftlicher Konsens nicht in Richtung „Kein Fleisch!", sondern in Richtung „Weniger Fleisch!" etabliert: Wir seien, so die Lesart dieses neuen „aufgeklärten" Bewußtseins, bisher mit dem Thema Fleisch wohl etwas zu sorglos umgegangen, nun gelte es – frei nach dem Motto „Wir haben verstanden" –, offener, sensibler und verantwortungsvoller zu handeln.

Was kaum jemand bemerkte: Diese neue „Weniger Fleisch!"-Philosophie erwies sich als Glücksfall für die *Fleischindustrie*! Warum? Rinderwahn, Vogelgrippe, Schweinepest, Klimadiskussion, Dioxinskandal – solche Ereignisse, Debatten und Skandale konnten dem Fleischkonsum trotz aller immer wieder aufflammenden „Weniger Fleisch!"-Appelle nie wirklich etwas anhaben: Die Konsumenten wichen vorübergehend auf andere, „unbelastete" Tiere aus, Forscher veränderten das Futter von Rindern, um deren Methanausstoß zu verringern usw. – und nach kurzer Zeit war ohnehin wieder alles vergessen. *Faktische Diskussionen* dieser Art, in denen es um menschliche Gesundheit und Ökologie ging, schadeten der Fleischindustrie nie nachhaltig.

Ebensowenig *pseudoethische Diskussionen*, bei denen es angeblich um „Weniger Fleisch!" um der Tiere willen ging. Solchen Forderungen fehlt nämlich jegliche moralische Glaubwürdigkeit und politische Kraft. Das sieht man sofort, wenn man sie auf Menschen umlegt: Wer, anstatt zu sagen, Foltern und Vergewaltigen sind *falsch*, fordert, daß *weniger* gefoltert und vergewaltigt werden sollte, hat keine plausible Botschaft. (Martin Luther King träumte ja auch nicht von der Aufhebung der Rassentrennung jeden Montag oder jeden Donnerstag!) Deshalb erheben Menschenrechtler auch *nie* Forderungen wie „Weniger foltern!" oder „Weniger vergewaltigen!", weil Foltern und Vergewaltigen eben *immer* falsch sind!

Auf einer anderen Ebene, und damit kommen wir zum springenden Punkt, *nützt* „Weniger Fleisch!" der Fleischindustrie sogar! Denn „Weniger Fleisch!" ist de facto ein ausgezeichnetes Vehikel, um *mehr* Fleisch zu verkaufen – weil „Weniger Fleisch!" ein optimaler Aufhänger für Werbe-Elemente ist, die das Fleisch-Image *verbessern*: „bewußter essen", „besser essen", „ökologisch", „biologisch". Zusammenhängend liest sich diese neue Bio-Weltanschauung dann etwa so: Wir müssen als Konsumenten kritischer sein, bewußter essen, weniger, aber dafür besseres Fleisch essen, den Tieren Respekt erweisen – das nützt unserer Gesundheit und schont die Umwelt!

Bemerkenswerterweise ging die Einbettung des Fleischessens in die positiv besetzte Bio-Weltanschauung einher mit einer Entmoralisierung des Fleischessens selbst, und zwar dergestalt, daß die Frage, ob Fleischessen *im Hinblick auf die Tiere* ethisch zu rechtfertigen ist, kaum mehr gestellt wird - und auch kaum mehr verstanden würde. Schließlich geht es den Tieren sowieso super: bio, öko, Respekt, intakte Natur! Folgerichtig ist das Töten der Tiere - im Gegensatz zur früheren Tierrechte-Diskussion! - im Rahmen der Bio-Weltanschauung kein Thema mehr. Wichtig ist nur, daß die Tiere „vorher ein schönes Leben hatten". Und das ist - siehe Bio-Werbung - ja der Fall!

Ein paar konkrete Beispiele für diese Entmoralisierung des Fleischessens (und gleichzeitig des Vegetarismus bzw. Veganismus):

- In einer großen Verlagswerbung für das Buch von Karen Duve wurde der „radikale Verzicht auf die Moralkeule" gelobt. Der Einwand, daß Menschenrechtler *immer* mit der „Moralkeule" operieren, würde mittlerweile mental wohl automatisch unter „Verrücktes" verbucht.

- „Man muß kein Vegetarier sein, um fleischloses Essen zu genießen", lautet eine vermeintlich liberale Devise. Soll heißen: Nicht so verbissen, liebe Leute, es geht doch auch total undogmatisch - Hauptsache, es schmeckt!

- „Ich bin kein Vegetarier. Aber ich liebe Veggie." Mit diesem Slogan warb „Spar" für seine vegetarische Produktlinie. Man erweitert das Sortiment um das vegetarische Segment bei gleichzeitiger „ethischer Kastrierung" des Vegetarismus. So werden neue Kunden gewonnen, ohne alte zu verunsichern.

- Bezeichnend auch die Strategie, das Nicht-Fleisch-essen unter Lustfeindlichkeit zu subsumieren: „Die Trias aus Nichtrauchen, Nichttrinken und Nicht-fleischessen repräsentiert am deutlichsten jene Abstinenzmentalität, die sich wachsender gesellschaftlicher Zustimmung erfreut", heißt es in einem „Zeit"-Artikel zum Thema „Verbotene Leidenschaften".

- Beliebt und wirksam: die Heimat- bzw. Kindheitsmasche, etwa so: Der Duft vom warmen Leberkäse weckt Erinnerungen an eine längst vergangene Zeit ...

- Die tierethisch wohl brutalste Entmoralisierung des Fleisch- bzw. Tiere-Essens: Wenn Begriffe wie „ethisch", „moralisch" oder „gutes Gewissen" auftauchen, sind sie meist (nur) im Sinne von *gesundheitlich* oder *ökologisch* unbedenklich gemeint!

- Die verheerendste Erscheinungsform der Entmoralisierung des Fleischessens ist das Opportunisten-Credo „Essen ist Privatsache!", idealtypisch vertreten von Grünen-Politikern: Wir wollen niemandem etwas vorschreiben, jeder soll nach seiner Fasson glücklich werden! „Essen ist Privatsache" ist so ziemlich das Gegenteil des Tierrechts-Slogans „Fleischesser sind Mörder!".

- Die für mich schockierendste Manifestation der Entmoralisierung des Fleischessens ist jene, bei der das Fleischessen als Ausdruck widerständigen Individualismus oder gar politischen Revoluzzertums begriffen wird. Im folgenden ein schauerliches Beispiel: Die französische Schauspielerin Fanny Ardant (2019, S. 129 f.) erklärt im „Spiegel"-Interview:

„Ich hasse die Idee, sich extensiv um den eigenen Körper zu kümmern. Ich hasse auch diese Dialoge, die man neuerdings führt: Huch, du isst Fleisch. Huch, du trinkst Wein. Auf keinen Fall Gluten essen. Das ist doch fürchterlich. Ich mag die Gainsbourgs dieser Welt, Leute, die gefährlich leben. Und deshalb esse ich Fleisch und trinke Wein und Bier."

Auf die Frage, warum sie so aggressiv auf den Versuch, gesund zu leben, reagiere: „Weil ich diese neue Gesellschaftsordnung, die sich da abzeichnet, nicht mag. Es wird vorgegeben, was man machen, essen, tun sollte." Schließlich:

„Diese ganze Political Correctness geht mir total auf die Nerven. (...) Je puritanischer eine Gesellschaft sich verhält, desto gefährlicher wird es. Es gibt keine politischen Dogmen mehr, aber stattdessen breitet sich unterschwellig etwas anderes aus - eine neue Definition dessen, was gut und was schlecht ist. Ich mache da nicht mit."

Das Entscheidende an der Bio-Weltanschauung, hier vielleicht besser: an der Bio-Wahrnehmung, ist, daß sie kaum etwas mit der Wirklichkeit zu tun hat, ihr Realitätsgehalt tendiert gegen Null. *Wie* falsch und verlogen diese Weltsicht ist, läßt sich anhand von zwei Punkten drastisch veranschaulichen: Erstens suggeriert die Werbung mit ihren typischen Bio-Bildern, daß praktisch alle Tiere unter Bio-Bedingungen leben. (Daß eine Bio-*Schlachtung* nicht nur begrifflicher Unsinn ist, sondern auch „Bio-Tiere" de facto „normal" geschlachtet werden, sei nur nebenbei erwähnt.) Der gefühlte Bio-Faktor beträgt also hundert Prozent. Zweitens: Der reale Bio-Anteil an der Fleischproduktion liegt unter zwei Prozent. Hinzu kommt, daß selbst die Bio-Richtlinien mit den Bio-Bildern praktisch nichts zu tun haben.

Daß die Produzenten und Konsumenten der Tierprodukte die Bio-Lüge vehement fördern und verbreiten, liegt auf der Hand: die ersteren profitieren finanziell, die letzteren „moralisch" – in Form eines guten Gewissens. Wirklich skandalös ist, daß Politik und Gerichte diese Lügen wider besseres Wissen einfach „durchwinken". Bedenkt man, daß Tierschutz seit 2002 in Deutschland Staatsziel ist, aber dennoch immer Mittel und Wege – und seien sie noch so krumm oder noch so konstruiert – gefunden werden, um jede denkbare Quälerei und Gemeinheit gegenüber Tieren rechtlich irgendwie abzusichern, verwundert auch das natürlich nicht wirklich.

Die Bio-Weltanschauung beinhaltet eine tragische Pointe, die mir schon vor längerer Zeit aufgefallen war, mir aber erst beim Lesen von Romain Leicks (2019) Besprechung einer Biografie der Frankfurter Schule (nämlich Stuart Jeffries' „Grand Hotel Abgrund") wirklich klar wurde. Darin schreibt Leick (S. 118):

„In der Frankfurter Schule breitete sich ein neuer, pessimistischer Marxismus aus, weil die Voraussetzung für eine neue Gesellschaft, die Zunahme an Bewusstsein der Arbeiterklasse, unter den veränderten Bedingungen der Moderne gar nicht mehr möglich war."

Der Gedanke, der mir dabei klar wurde, ist eigentlich keine tragische Pointe, sondern vielmehr eine wirkliche Tragödie: So wie dem Marxismus der Motor für gesellschaftliche Veränderungen abhanden kam, weil die Arbeiter nicht gegen die Kapitalisten revoltieren wollten, sondern möglichst selbst Kapitalisten oder zumindest „Konsumisten" werden wollten, so kam der Tierrechtsbewegung der Motor für gesellschaftliche Veränderungen abhanden, weil die Bio-Weltanschauung = Bio-Lüge die skandalöse Realität weglügt bzw. unsichtbar macht. Und gegen nicht wahrgenommene Mißstände wird nicht demonstriert, geschweige denn rebelliert.

Inzwischen wurde die Bio-Weltanschauung und -Folklore noch massiv „upgegradet" bzw. universalisiert: Neben dem ehedem moralisch potentiell problematischen Fleisch (jetzt: „Biofleisch") wurden zwei weitere imagemäßige Sorgenkinder auf die Ebene moralischer Unbedenklichkeit gehoben: Jagd und Pelz. In den Anfangsjahren der Tierrechtsbewegung standen Jagd und Pelz in der öffentlichen Meinung schon knapp vor dem moralischen Aus. Beide erholten sich vom schlechten Image zwar überraschend gut, blieben aber dennoch moralische Abstiegskandidaten. Mit einer erweiterten bzw. integrierten Bio-Philosophie lassen sich nun alle drei Bereiche – Fleisch, Jagd, Pelz – argumentativ elegant und v. a. „nachhaltig" auf moralisch sicheres Gelände retten: *Fleisch* von Tieren, die ein glückliches Leben hatten? Da ist Fleisch von Tieren, die bis zu ihrem Tod in der freien Natur lebten, schlicht die Ideallösung! Und was heißt vor diesem Hintergrund schon *„Jagd"*? „Tötung in gewohnter Umgebung" trifft die Sache viel besser! Und daß das automatisch anfallende Beiprodukt *Pelz* auch genutzt wird – alles andere wäre ein ökologischer Frevel!

Daß vor diesem Hintergrund eigenständige, individuelle Rechte von Tieren, Tierrechte analog Menschenrechten, als exotische Absurdität erscheinen, verwundert wenig. Ziel dieses Buches ist die (Wieder-)Sensibilisierung für die Tierrechtsidee: Tiere haben, wie Menschen, vielfältige Interessen und, wie Menschen, einen

Anspruch, ein Recht, ein Leben gemäß diesen Interessen zu führen. Den philosophischen Zusammenhang zwischen Tierrechten und Menschenrechten habe ich in meinem Buch „Menschenrechte und Tierrechte" (Kaplan, 2019) ausführlich und systematisch beschrieben.

Die folgenden, z. T. älteren Texte haben unterschiedliche thematische Aufhänger, sind in sich abgeschlossen und können daher unabhängig von einander gelesen werden. Der mit der Bio-Weltanschauung einhergehenden Entmoralisierung des Fleischessens und Verharmlosung unseres Umgangs mit Tieren wird gelegentlich auch stilistisch pointiert Rechnung getragen, etwa durch die Frage „Sind Fleischesser Mörder?" Der Begriff „Rassismus" gilt seit kurzem als sachlich und politisch nicht mehr angemessen. Er wurde in den Texten belassen, weil die Tierrechtsphilosophie mit diesem Begriff formuliert wurde und weil sich für den Begriff „rassistisch" noch kein angemessener und verständlicher Ersatz etabliert hat. Teilweise inhaltliche Überschneidungen in den Texten betreffen meist den Tierrechtsbegriff selbst und ermöglichen so unterschiedliche perspektivische Annäherungen an die Tierrechtsidee.

1. Begründung und Darstellung der Tierrechtsphilosophie

Tierrechte

Neben der traditionellen Tierschutzbewegung gibt es seit den 1970er Jahren auch eine neue Tierrechtsbewegung. Während sich Tierschützer de facto mit der *„Humanisierung"* der Ausbeutung von Tieren begnügen, plädieren Tierrechtler für eine *Beendigung* der Ausbeutung, indem wir auch Tieren eigenständige, exekutierbare Rechte verleihen. Zu Recht: Eine „Humanisierung" etwa der Schlachtung ist in Wirklichkeit genauso ein Unding wie eine „Humanisierung" von Sklaverei oder Folter oder die Zulassung von „sanfter" Vergewaltigung.

Diejenigen, die Tierrechte befürworten, betonen die Ähnlichkeiten zwischen Menschen und Tieren. Diejenigen, die Tieren keine eigenen Rechte zugestehen möchten, verweisen auf die vielen Unterschiede zwischen Menschen und Tieren.

So groß und zahlreich diese Unterschiede – je nach Perspektive und Abstraktionsniveau – aber auch immer sein mögen, moralisch entscheidend ist einzig und allein diese Gemeinsamkeit zwischen Menschen und Tieren: Tiere sind wie wir leidensfähige Wesen, die nichts so scheuen, wie leiden zu müssen. Was auch immer Menschen können mögen, wozu Tiere nicht imstande sind – warum um alles in der Welt sollen wir sie deshalb quälen dürfen!

Warum soll man Wesen lebenslang einsperren dürfen, weil sie keine mathematischen Gleichungen lösen können? Warum soll man mit ihnen grausame Experimente machen dürfen, weil sie keine Sinfonien komponieren können? Und warum soll man sie umbringen und aufessen dürfen, weil sie keine Liebesgedichte schreiben können?

Tiere sind wie wir leidensfähige Wesen und haben ein immenses Interesse, nicht zu leiden. Deshalb haben sie wie wir das Recht, von Leiden verschont zu werden.

Wir brauchen keine neue Moral

Fortschritt

Wir haben erkannt, daß andere Stämme, andere Nationen, andere Rassen und das andere Geschlecht in unsere moralische Sphäre aufgenommen werden müssen. Wir haben eingesehen, daß Rassismus und Sexismus moralisch willkürliche Diskriminierungen sind, weil Rasse und Geschlecht moralisch unwesentliche Merkmale sind.

Der nächste konsequente Schritt besteht darin zu erkennen, daß nicht nur die Rassen- und Geschlechtszugehörigkeit moralisch bedeutungslos sind, sondern auch die Artzugehörigkeit: „Die Frage ist nicht: können sie *denken*? oder: können sie *sprechen*?, sondern: können sie *leiden*?" bemerkte der englische Philosoph Jeremy Bentham bereits vor über 200 Jahren in bezug auf fühlende Lebewesen.

Die Diskriminierung aufgrund der Art oder Spezies, der *Speziesismus*, ist ebenso willkürlich, falsch und unhaltbar wie die Diskriminierung aufgrund von Rasse und Geschlecht. Rasse, Geschlecht und Spezies sind gleichermaßen untaugliche moralische Kriterien.

Der Rassist sagt: „Weil du eine schwarze Haut hast, darf ich dich als Sklaven halten." Der Sexist sagt: „Weil du eine Frau bist, darfst du nicht zur Wahl gehen." Und der Speziesist sagt: „Weil du ein Tier bist, kann ich dich lebenslang in Zoos sperren, mit dir grausame Experimente durchführen und dich umbringen und aufessen." Rassismus, Sexismus und Speziesismus befinden sich logisch und ethisch auf der gleichen Ebene. Sie sind Verstöße gegen das grundlegende moralische Gleichheitsprinzip.

Gleichheit

Dabei behauptet natürlich kein vernünftiger Mensch, daß Menschen und Tiere in einem faktischen Sinne gleich wären. Natürlich sind Menschen und Tiere verschieden – so wie auch die Menschen untereinander verschieden sind. Menschen und Tiere haben, wie die Menschen untereinander, unterschiedliche Interessen.

Deshalb verlangt auch niemand ernsthaft, daß Menschen und Tiere gleich behandelt werden sollten. Unterschiedliche Interessen erfordern und rechtfertigen eine unterschiedliche Behandlung. Tiere brauchen zum Beispiel im Unterschied zu Menschen keine Religionsfreiheit, weil sie keine Religion haben – so wie Männer im Unterschied zu Frauen keinen Schwangerschaftsurlaub brauchen, weil sie nicht schwanger werden können.

Was das moralische Gleichheitsprinzip fordert, ist schlicht dies: *Wo* Menschen und Tiere ähnliche Interessen haben, *da* sollen diese ähnlichen Interessen auch gleich berücksichtigt, moralisch gleich ernstgenommen werden:

Weil alle Menschen ein Interesse an angemessener Nahrung und Unterkunft haben, sollen wir dieses Interesse auch bei allen Menschen gleich berücksichtigen – und dürfen nicht willkürliche Diskriminierungen aufgrund der Rassen- oder der Geschlechtszugehörigkeit vornehmen. Und weil sowohl Menschen als auch Tiere leidensfähig sind, sollen wir das Interesse, nicht zu leiden, bei Menschen und Tieren gleich berücksichtigen – und dürfen nicht willkürliche Diskriminierungen aufgrund der Artzugehörigkeit vornehmen.

Konsequenz

Wir brauchen für den Umgang mit Tieren keine neue Moral. Wir müssen lediglich aufhören, Tiere willkürlich aus der vorhandenen Moral auszuschließen. Dies wird gewiß ein schwieriger und langwieriger Prozeß werden. Aber das war bei der Befreiung der Sklaven und bei der Emanzipation der Frauen nicht anders. In den USA wurde die Sklaverei erst 1865 abgeschafft. In der Schweiz wurde das Frauenwahlrecht auf Bundesebene erst 1971 eingeführt. Die Befreiung der Tiere hat eben erst begonnen, aber die Tendenz in der Moralentwicklung ist unumkehrbar. Und wäre sie es nicht - wir hätten allen Grund, uns dagegen zu wehren!

Tiere haben Rechte

Tierrechte sind heute Gegenstand philosophischer Vorlesungen und Seminare auf Universitäten in der ganzen Welt. Niemand kann die Literatur zu diesem Thema in ihrer Gesamtheit mehr überblicken. Primäre Funktion der Tierrechtsphilosophie ist aber keineswegs, neue Theorien zu schaffen, sondern vielmehr, unseren Blick für das (wieder) zu schärfen, was wir sehen und begreifen würden, wären wir nicht durch falsche Ideologien, Weltanschauungen und Religionen heillos verwirrt und irritiert worden.

Selbstverständlich haben Tiere Rechte. Tiere haben wie Menschen einen Anspruch darauf, auf eine bestimmte Weise behandelt zu werden. Die Art dieser Rechte richtet sich bei Tieren wie bei Menschen nach den Interessen der jeweils Betroffenen. Was für die einen höchst bedeutsam ist, mag für die anderen völlig belanglos sein. So haben und brauchen etwa Kinder aus offensichtlichen Gründen kein Recht, keinen Anspruch auf einen Platz im Altenheim. Der Zweck von Rechten ist stets der gleiche: den Rechtsträgern ein soweit als möglich angemessenes, das heißt ihren Interessen und Bedürfnissen entsprechendes Leben zu ermöglichen.

Im deutschen Sprachraum hat sich als Bezeichnung für die Bewegung, die auch Tieren solche grundsätzlichen Rechte zugestehen will, der Name „Tierrechtsbewegung" eingebürgert. Durchaus üblich ist aber auch die Bezeichnung „Tierbefreiungsbewegung". Damit wird Bezug genommen auf vergleichbare vorangegangene Bewegungen, etwa auf jene zur Befreiung der Sklaven oder zur Emanzipation der Frauen.

Die Tierrechtssbewegung ist in der Tat die konsequente Fortsetzung dieser Befreiungsbewegungen: So wie wir erkannt haben, daß die Hautfarbe für die Gewährung von grundlegenden Rechten belanglos ist und daß die Geschlechtszugehörigkeit hierfür belanglos ist, so erkennen heute weltweit immer mehr Menschen, daß auch die Spezieszugehörigkeit hierfür belanglos ist: Warum soll man jemanden ausbeuten und quälen dürfen, weil er zu einer anderen Spezies gehört? Rassismus, Sexismus und Speziesismus befinden sich logisch und ethisch auf der gleichen Ebene.

Das Neue an der Tierrechtsbewegung ist vor allem ihr explizit rationaler Charakter. Alle vorangegangenen Initiativen zur Verbesserung des Loses der Tiere hatten, zumindest auch, religiöse, ideologische oder esoterische Wurzeln – mit einem verheerenden Nebeneffekt: Alle Thesen, Diskussionen und Forderungen wiesen stets einen hohen Glaubensanteil auf und waren daher entsprechend angreifbar. Vor allem aber:

Lehren und Einstellungen, die mit einem bestimmten Glauben verknüpft sind, sind in ihrer Wirksamkeit von vornherein auf diejenigen beschränkt, die diesen Glauben teilen. Wer etwa, um ein Beispiel zu nennen, den Veganismus mit dem Glauben an die Seelenwanderung begründet, kann nur diejenigen überzeugen, die an die Seelenwanderung glauben.

Der strikt rationale Charakter der modernen Tierrechtsbewegung kommt unter anderem darin zum Ausdruck, daß sie ihre Kritiker konkret fragt, *warum* denn Tieren eigentlich keine Rechte zugestanden werden sollte. Als Antwort hierauf kommt regelmäßig der Hinweis auf bestimmte, nur dem Menschen zukommende Eigenschaften oder Fähigkeiten – etwa Autonomie, Rationalität oder Selbstbewußtsein.

Unleugbare, wissenschaftlich unwiderlegbare Tatsache aber ist: Kein einziges Merkmal, das vernünftigerweise irgendwie als moralisch relevant angesehen werden kann, verläuft entlang der Speziesgrenze Mensch – Tier. Mehr noch: Es gibt immer Tiere, bei denen das betreffende Merkmal sogar *stärker* ausgeprägt ist als bei bestimmten Menschen.

Wenn wir, um bei den obigen Merkmalen zu bleiben, an Autonomie, Rationalität und Selbstbewußtsein als Voraussetzung für die Verleihung von Rechten festhalten, dann müssen wir komatösen Menschen, vielen geistig behinderten, geisteskranken und hirngeschädigten Menschen sowie allen kleinen Kindern jedwede Rechte absprechen.

Formulieren wir hingegen die Kriterien für das Zugestehen von Rechten so großzügig, daß sie auch von diesen Menschen erfüllt werden, müssen wir konsequenterweise auch vielen Tieren, die wir heute täglich millionenfach für Versuchszwecke quälen oder für Ernährungszwecke töten, Rechte verleihen, da sie diese Kriterien *spielend* erfüllen.

Um dem unausweichlichen Dilemma zu entkommen, daß viele Menschen, denen wir Rechte nicht absprechen wollen, in bezug auf beliebige Merkmale ein deutlich *niedrigeres* Niveau aufweisen als viele Tiere, wurden mehrere argumentative Fluchtmöglichkeiten ersonnen. Diese haben sich letztlich aber ausnahmslos als Sackgassen erwiesen. Es gibt schlicht keine rationale

Rechtfertigung für die gegenwärtige Praxis, Tieren Rechte abzusprechen.

Die Frage „Tierrechte – ja oder nein?" ist deshalb auch weniger eine philosophische als vielmehr eine politische: Sind wir bereit, auch die Rechte der Schwächsten, die uns hilflos ausgeliefert sind, zu respektieren, oder wollen wir auch weiterhin gemäß dem praktischen, aber barbarischen „Recht des Stärkeren" handeln? „Wir leben zwar", schreibt Alexander Solschenizyn, „im Computerzeitalter, aber noch immer nach dem Grundgesetz der Steinzeit: Wer den größeren Knüppel schwingt, hat auch recht. Bloß wahrhaben wollen wir es nicht."

Tierrecht und Tierschutz

Viele Menschen – mich eingeschlossen – glaubten lange, daß die Tierschützer im Laufe der Jahrzehnte von den Tierrechtlern doch wenigstens ansatzweise gelernt hätten, daß die Vorstellung, wonach nur Tierarten schutzwürdig seien, während Einzeltiere bedenkenlos umgebracht werden könnten, zynisch und unmoralisch ist. Diese hoffnungsvolle Annahme war leider falsch.

So berichtete etwa der „Spiegel" 2006 unter der Überschrift „Töten, um zu schützen" von einem Artenschutzprojekt für den afrikanischen Löwen, das den Abschuß eben dieser Tiere vorsieht: „Der Plan ... sieht unter anderem vor, Gelder aus kontrollierter Trophäenjagd gezielt zum Erhalt des Lebensraums von Panthera leo einzusetzen." Welch schauerliche Veranschaulichung der Perversion des traditionellen Tierschutzes!

Solche Projekte sind eben *kein* Schritt in die richtige Richtung! Vielmehr zementieren derartige Initiativen nur die alte, falsche Spezies-Voreingenommenheit, den alten, falschen Spezies-Egoismus: Tierschutz letztlich immer nur um des Menschen willen – um für uns und unsere Kinder eine möglichst vollständige, funktionierende, gesunde und schöne Umwelt zu erhalten. Tierschutz, der einzelne Tiere nicht schützt, ist ebenso absurd und unmoralisch wie Menschenschutz, der einzelne Menschen im Stich läßt.

Die Schuld der Kirche am Elend der Tiere

Vorbemerkung: Wenn im folgenden von „der Kirche" oder „den Kirchen" die Rede ist, sind damit die christlichen Konfessionen im europäischen Kulturkreis gemeint. Gegenstand der Ausführungen ist die Rolle des Christentums bei unserem Umgang mit Tieren. Die Einschränkung auf Europa erfolgt, weil ich über Beschaffenheit und Folgen christlichen Denkens außerhalb Europas zuwenig Bescheid weiß.

Rechtfertigung des Tiermißbrauchs

Was ist eigentlich die letzte Rechtfertigung für den
Mißbrauch von Tieren? Womit begründen Menschen
ihren grauenhaften Umgang mit Tieren? Am liebsten
natürlich gar nicht. Aber wenn man sie gezielt fragt,
wenn man sie „zwingt", nachzudenken und Auskunft
zu geben? Dann tauchen wohl vor allem Gedanken
und Gefühle auf, die mit folgenden Stichworten charakterisiert werden können:

- „Vernunftbegabtheit des Menschen",
- „Gottesebenbildlichkeit des Menschen",
- „unsterbliche Seele des Menschen".

Damit soll weder behauptet werden, daß die betreffenden Behauptungen bzw. Thesen oder deren Stellenwert
im eigenen Denken und Fühlen den Menschen (voll)
bewußt sind noch daß diese Behauptungen bzw. Thesen „theologisch korrekt" verstanden oder formuliert
werden. Aber meiner Erfahrung und Einschätzung
nach spuken diese Vorstellungen als „Hauptverant-
wortliche" für den schauerlichen Umgang mit Tieren
durch die Hirne und Herzen der Menschen:

- So richtig „vernunftbegabt" sind ja nur wir
  Menschen; nur wir verstehen die Welt, begreifen
  ihre Zusammenhänge.

- Nur wir Menschen sind nach Gottes Ebenbild erschaffen.
- Nur wir Menschen haben eine unsterbliche Seele.

Nun wollen wir uns einmal ansehen, wie es denn um die Vernünftigkeit dieser Behauptungen bzw. Thesen selbst bestellt ist? Bei der „Vernunftbegabtheit" des Menschen beginnen die Probleme schon: Wir kennen doch alle Zeitgenossen, mit deren „Vernunftbegabtheit" es, freundlich formuliert, nicht so weit her ist. Und zweifellos bestehen *große Unterschiede* in der „Vernunftbegabtheit" der Menschen: Es gibt „Hochbegabte", Nobelpreisträger und Genies, andererseits das Heer der 08/15-Menschen, der „Fabrikware der Natur", wie Schopenhauer sagt. Und dann gibt es natürlich noch die Dementen, Senilen und geistig Behinderten, die sich teilweise unzweifelhaft auf einem deutlich niedrigeren intellektuellen (bzw. Autonomie-) Niveau befinden als viele Tiere.

Ziehen wir aus den unzweifelhaften und obendrein gewaltigen „Vernunftunterschieden" unter Menschen Konsequenzen, die jenen entsprechen, die wir in bezug auf Tiere ziehen? In bezug auf Tiere sehen unsere Denkschritte ja etwa so aus: weniger vernünftig – weniger wichtig – weniger schützenswert. Umgelegt auf den Umgang mit Menschen bedeutete dies beispielsweise: Den können wir ruhig etwas foltern, der ist eh nicht so intelligent. Oder: Bei „einfachen" Menschen können wir das Schmerzmittel problemlos etwas niedriger dosieren. Denken wir so? Handeln wir so? Überhaupt nicht, hier sind wir also schon einmal inkonsequent.

Wir sagten, in bezug auf die „Vernunftbegabtheit" gebe es bei Menschen große Unterschiede und viele Menschen seien eher „wenig vernunftbegabt". Gegen letzteres könnte man einwenden: Demente, Senile und Behinderte sind ja nun nicht eben typische Menschen und mit der mangelnden Vernünftigkeit manch anderer Zeitgenossen sollte man es auch nicht übertreiben. Auf alle Fälle sind aber die Menschen *als Spezies* unvergleichlich vernünftiger als Tiere!

Also richten wir unser Augenmerk auf die „Vernunftbegabtheit" der menschlichen Spezies. Da brauchen wir allerdings nicht lange zu schauen, um eines Besseren, genauer: eines Schlechteren belehrt zu werden. Man betrachte nur die Umweltzerstörung im allgemeinen, die Klimazerstörung im besonderen, die himmelschreiend ungerechte Verteilung von Wohlstand und Reichtum, das tägliche Verhungern von Kindern, das atomare „Gleichgewicht des Schreckens" und so weiter und so fort!

Und wie steht es um die beiden anderen Behauptungen bzw. Thesen: daß der Mensch nach Gottes Ebenbild erschaffen worden sei und eine unsterbliche Seele habe? Zunächst einmal ist es zweifellos so, daß diese Fragen von Andersgläubigen und Nichtgläubigen völlig anders gesehen werden als von Christen. Aber selbst unter Christen ist es alles andere als eine ausgemachte Sache, welche Menschen denn nun nach Gottes Ebenbild erschaffen wurden und welche eine unsterbliche Seele (oder überhaupt eine Seele) haben! Einen Eindruck davon, *wie* komplex solche Fragen sind (und wie kontrovers sie diskutiert werden), bekommt man beispielsweise bei Betrachtung der mehrjährigen Beratungen der päpstlichen Theologenkommission darüber, ob ungetauft verstorbene Kinder nun in den Himmel kommen oder mit der Vorhölle, dem sogenannten „Limbus", vorlieb nehmen müssen. Papst Benedikt XVI. hat ein Machtwort gesprochen und den Limbus abgeschafft – allerdings, wie gesagt, erst nach äußerst aufwendigen Erwägungen und Beratungen.

Konsequente Anwendung von Kriterien

Fest steht: Bei konsequenter Anwendung der Ausschluß- bzw. Minderbewertungskriterien für Tiere auf Menschen bekämen wir große Probleme: Erstens müßten wir überall (etwa bei Gerichten oder in Krankenhäusern) hochkarätige, interkonfessionell besetzte Expertengremien einrichten, um festzustellen, ob die betreffenden Menschen (hier: Angeklagte oder Patienten) untersterblich sind und vernünftig genug, um bestimmte aufwendige Maßnahmen zu rechtfertigen. Und zweitens würden viele Menschen diesen Test nicht bestehen – weil sie, beispielsweise etwa viele Demente, wesentlich „unvernünftiger" sind als Hunde, Katzen oder Schweine.

Dieser Befund wird viele verwundern: Wie kommt es, daß bei unserem Verhalten gegenüber Menschen und Tieren hinten und vorne nichts zusammenpaßt und die konsequente Anwendung der Prinzipien, die unseren Umgang Tieren leiten, katastrophale Folgen für Menschen hätte! Wer sich schon einmal näher mit einer zentralen Frage in diesem Zusammenhang befaßt hat, nämlich mit der *Begründung von Menschenrechten*, wird weniger überrascht sein. Hier operieren wir nämlich mit einem irrwitzigen Zwei-Punkte-Programm, das irrationale Konsequenzen fast unausweichlich macht:

- Alle Menschen haben Rechte, weil alle Menschen eine Würde haben.
- Das Weiterfragen nach dieser Würde ist aber strikt verboten.

Erlaubt sind lediglich normierte Patentantworten vom Kaliber: „Nur die Religion erklärt mir, warum der Mensch seine Würde nie verlieren kann. Er hat sie von Gott geschenkt bekommen." (Bischof Wolfgang Huber)

Wenn die Basis der Menschenrechte im dunkeln liegt und das Fragen nach ihr verboten ist, sollte uns keine Inkonsequenz oder Irrationalität im Umfeld verwundern! Diese Situation ist aber auch aus einem anderen Grund ebenso absurd wie unannehmbar: Wenn wir allen Menschen Rechte zugestehen, sollte es auch eine Fundierung dieser Rechte geben, die allen Menschen zugänglich ist, die alle Menschen verstehen und akzeptieren können - nicht nur, beispielsweise, Christen. Mit anderen Worten bzw. grundsätzlich gesagt: Was fehlt, ist eine Fundierung von Menschenrechten, die dem Umstand Rechnung trägt, daß wir in einer pluralistischen, säkularen bzw. laizistischen Gesellschaft leben!

Und wie könnte eine solche wünschenswerte und notwendige *glaubensneutrale Begründung von Menschenrechten* aussehen? Auf alle Fälle müßte sie auf Merkmale wie Bewußtsein, Selbstbewußtsein, Rationalität und Autonomie Bezug nehmen: Wesen, die leidensfähig sind sowie rational und autonom agieren können, sollten das Recht haben, entsprechend diesen Eigenschaften und den daraus resultierenden Bedürfnissen zu leben. In diesem Zusammenhang gilt es, sich zwei wichtige Fakten zu vergegenwärtigen:

- Keines dieser Merkmale verläuft entlang der Speziesgrenze Menschen - Tiere.
- Es gibt Menschen, bei denen diese Merkmale *schwächer* ausgeprägt sind als bei vielen Tieren.

Nachvollziehbare Zusammenhänge und Argumente

Diese Überlegungen zu einer glaubensneutralen Begründung von Menschenrechten versetzen uns schlagartig in eine viel übersichtlichere Situation, in der alles verständlicher, vernünftiger und nachvollziehbarer ist:

- Es können auch diejenigen mitdenken und mitreden, die einen anderen Glauben oder keinen Glauben haben.
- Wir haben 150 Jahre skandalöser Wissensverweigerung überwunden: Seit Darwin sollten wir nämlich wissen, daß es biologisch und psychologisch zwischen Menschen und Tieren keinen prinzipiellen, sondern lediglich einen graduellen Unterschied gibt.
- Wenn wir auf dieser Grundlage das fundamentalste moralische Prinzip, das *Gleichheitsprinzip*, anwenden, ergibt sich der richtige Umgang mit Tieren fast automatisch: Wir schauen, welche Interessen Tiere haben und nehmen diese Interessen dann *gleich ernst*, wie wir vergleichbare menschliche Interessen ernst nehmen.

Schweine sind beispielsweise ähnlich intelligent wie Hunde oder bestimmte Demente oder geistig Behinderte und haben daher auch vergleichbare Interessen. Wenn wir die Interessen von Schweinen gleich ernst nähmen wie die Interessen von Hunden, Dementen oder geistig Behinderten, sähe die Welt anders aus! Oder anders herum: Man stelle sich vor, wir würden mit Hunden, Dementen oder geistig Behinderten machen, was wir mit den zig Millionen Schweinen machen, die wir jährlich in Deutschland schlachten!

Zweierlei wird augenblicklich klar: Wir treten das fundamentale moralische Gleichheitsprinzip mit Füßen. Und wir verüben unvorstellbare Verbrechen an Tieren.

Und zu diesen Verbrechen schweigen die Kirchen. Dieses Schweigen ist aber kein harmloses Nichts-Sagen, sondern im Gegenteil ein starkes Signal. Denn die Kirchen verstehen sich als tragende gesellschaftliche Kraft und äußern sich folgerichtig zu anderen Grundsatzfragen sehr wohl. Wenn sie sich zu einer Frage, dem Tiermißbrauch, nicht oder nicht ernsthaft äußern, enthält dies eine klare Botschaft: Tiere sind nicht wichtig, ihr könnt mit Tieren weiterhin so verfahren wie bisher.

Die Schuld der Kirchen am Elend der Tiere ist also eine zweifache: Weltanschaulich liefern sie die Grundlage für die Verbrechen an Tieren. Und politisch schweigen sie zu den Verbrechen an Tieren. Wer aber Verbrechen verschweigt, macht sich mitschuldig an diesen Verbrechen.

Müssen Behinderte vor Tierrechtlern Angst haben?

Peter Singer hat nicht nur der sogenannten Singer- oder Euthanasie-Debatte ihren Namen gegeben. Er ist auch prominenter Repräsentant der Tierrechtsbewegung. Mehr noch: Singer gilt zu Recht als einer der Gründer der Tierrechtsbewegung. Im Rahmen der Euthanasie-Debatte wurde Singer unterstellt, daß er sich für die Tötung von behinderten Kindern einsetze – mit Bedacht gewähltes Stichwort mit unzweideutigem historischem Bezug: lebensunwertes Leben. Außerdem wird Singer unterstellt, daß er Neugeborenen generell das Lebensrecht abspreche. Andererseits wird, völlig zu Recht, auf Singers Engagement für Tiere hingewiesen. Mit diesen Ingredienzen wird nun die jeder Grundlage entbehrende Behauptung zusammengemischt, daß sich die Tierrechtsbewegung für eine Verbesserung der Situation der Tiere *auf Kosten* von Behinderten und Kindern stark mache.

Dieser Vorwurf ist derart absurd und ungeheuerlich, daß ihm auf das Entschiedenste und Vehementeste entgegengetreten werden muß. Hierzu bedarf es keiner langen theoretischen Abhandlungen. Ein Blick auf die philosophischen und historischen Grundlagen der Tierrechtsbewegung genügt, um die Haltlosigkeit dieses Vorwurfs augenscheinlich zu machen: Die Tierrechtsbewegung registriert, aller Rückschläge und rea-

43

len Unzulänglichkeiten zum Trotz, einen moralischen Fortschritt. Dieser besteht in der langsamen, aber stetigen Ausdehnung der moralischen Sphäre, das heißt in der Erweiterung jenes Bereiches, innerhalb dessen unsere moralischen Regeln und Rücksichten Geltung haben. So haben wir im Laufe der Zeit erkannt, daß andere Stämme, andere Nationen, andere Rassen und das andere Geschlecht in unsere moralische Sphäre aufgenommen werden müssen. Wir haben erkannt, daß Rassismus und Sexismus moralisch willkürliche Diskriminierungen sind, weil Rasse und Geschlecht für sich genommen moralisch unwesentliche Merkmale sind. Der nächste konsequente Schritt bestand darin zu erkennen, daß nicht nur die Rassen- und Geschlechtszugehörigkeit moralisch bedeutungslos sind, sondern auch die Artzugehörigkeit. Die Diskriminierung aufgrund der Art oder Spezies, der *Speziesismus*, ist ebenso willkürlich, falsch und unhaltbar wie die Diskriminierung aufgrund der Rassen- oder Geschlechtszugehörigkeit.

Die Tierrechtsbewegung bildet aber nicht nur historisch, sondern in gewisser Weise auch moralisch die Speerspitze der Befreiungsbewegungen. Sie impliziert alle anderen und früheren Befreiungsbewegungen: Sich ihrer Kraft und Legitimität stiftenden geschichtlichen Identität bewußt, sind Tierrechtler automatisch auch Menschenrechtler. Wer sich gegen die Unterdrückung von Tieren engagiert, engagiert sich auch gegen die Unterdrückung von Menschen. Wer den Speziesismus verurteilt, verurteilt auch Rassismus und Sexismus.

Darüber hinaus ist die Tierrechtsbewegung auch gewissermaßen die „reinste", selbstloseste Befreiungsbewegung, die es bisher gab. Während nämlich etwa die Befreiung der Sklaven und die Emanzipation der Frauen *auch* aus „vernünftigen" Gründen erfolgten, ist die Befreiung der Tiere *nur* moralisch motiviert: Für die Ausbeuter von Sklaven und Frauen war es letztlich vorteilhafter, den Unterdrückten „freiwillig" Rechte einzuräumen, als zu warten, bis sie mit Gewalt dazu gezwungen würden. Bei der Befreiung der Tiere fehlt diese „egoistische Nachhilfe". Tiere könnten niemals selbst für ihre Rechte kämpfen, sie könnten uns niemals "anklagen" oder „bestrafen". Tiere könnten wir ewig ausbeuten, ohne befürchten zu müssen, daß sie sich je an uns rächen würden. Die Befreiung der Tiere ist ein genuin moralischer Akt des Menschen.

Spätestens hier sollte endgültig und hinreichend klar sein, daß und warum Behinderte und Kinder von Tierrechtlern *niemals* etwas zu befürchten haben: Die Tierrechtsbewegung ist gleichzeitig eine Menschenrechtsbewegung. Und zwar eine Menschenrechtsbewegung, die garantiert durch keinerlei Vernünftigkeitsüberlegungen „verunreinigt" ist. Denn, wie gesagt, die Befreiung der Tiere ist in keiner Weise „notwendig", sie ist „nur" richtig.

An dieser Stelle soll auch an die Tatsache erinnert werden, daß sich Tier- und Menschenliebe in keiner Weise ausschließen, sondern vielmehr sehr oft gemeinsam auftreten. (Vgl. Singer, 1996, S. 355 f.) Das eindrucksvollste Beispiel dafür, daß Menschen- und Tierliebe alles andere als Gegensätze sind, ist wohl Albert Schweitzer, der zu Recht sowohl von Menschenschützern als auch von Tierschützern als Vorbild angesehen wird. Schweitzer (o. J.a, I, S. 169 f.) war es auch, der erkannte: „Ich bin Leben, das leben will, inmitten von Leben, das leben will" – eine Einsicht, die offensichtlich sowohl in bezug auf Menschen als auch in bezug auf Tiere zutrifft.

Schweitzer ist auch unverdächtig, ein rabiater und fanatischer Tierrechtler gewesen zu sein. Deshalb abschließend ein Zitat von ihm, das all jene beherzigen mögen, für die die Tierrechtsbewegung bisher ein willkommenes Feindbild abgab. Es geht um die moralische und historische Kontinuität der Befreiungsbewegungen:

„Mit rastloser Lebendigkeit arbeitet die Ehrfurcht vor dem Leben an der Gesinnung, in die sie hineingekommen ist, und wirft sie in die Unruhe einer niemals und nirgends aufhörenden Verantwortlichkeit hinein. Wie die sich durch die Wasser wühlende Schraube das Schiff, so treibt die Ehrfurcht vor dem Leben den Menschen an." (Schweitzer, o. J.b, S. 93)

Befreiung der Tiere

„(Die) Befreiung der Tiere" ist der Titel eines Buches von Peter Singer, das 1975 (unter dem Originaltitel „Animal Liberation") erschien und den Anstoß zur Tierrechtsbewegung gab. Mit „Befreiung der Tiere" kann zweierlei gemeint sein: erstens die erwähnte Bewegung, die auch Tieren eigenständige, durchsetzbare Rechte verleihen will, und zweitens konkrete Tierbefreiungen, also die Befreiung von Tieren aus Legebatterien, Versuchslabors, Pelzfarmen usw.

Im folgenden soll auf die zweite Bedeutung von „Befreiung der Tiere" eingegangen werden, genauer, auf einen Aspekt, der damit verbunden ist: auf die sogenannte „Gewaltfrage". Bei der Befreiung von Tieren aus ihren Gefängnissen werden Tierrechtler zuweilen „gewalttätig": sie überwinden Mauern, beschädigen Zäune, öffnen Käfige usw.

Ich habe über diese „Gewaltfrage" viel nachgedacht, einiges veröffentlicht, aber das meiste wieder verworfen. Der Grund, warum es so schwierig ist, hier zu befriedigenden Ergebnissen zu gelangen, liegt meines Erachtens in der mangelnden Berücksichtigung der historischen Perspektive, in der man diese Frage vernünftigerweise sehen sollte.

Der Tierrechtsphilosoph Steve F. Sapontzis (1987, S. 65) vergleicht die heutige Situation der Tiere mit jener der Sklaven vor zweihundert Jahren: Damals begnügte sich die gesellschaftliche Mehrheit damit, einen „ordentlichen" Umgang mit Sklaven zu fordern. Es gab aber auch eine wachsende Minderheit, die die Sklaverei insgesamt verurteilte. Diese Menschen erkannten: Sklaverei ist *grundsätzlich* falsch – egal wie „ordentlich", freundlich oder nett man mit Sklaven auch immer verfahren mag.

Genau aus diesem Grund erscheinen uns Sklavenbefreiungen aus heutiger Sicht auch völlig legitim. Und aus dem gleichen Grund, weil auch unsere Versklavung der Tiere *grundsätzlich* falsch ist, werden heutige Tierbefreiungen künftigen Generationen als völlig legitim erscheinen. Dazu der prominente Rechts- und Sozialphilosoph Norbert Hoerster (1991, S. 64 f.):

„Jeder, der im Einklang mit den herrschenden moralischen und rechtlichen Konventionen unserer heutigen europäischen Gesellschaft zwar den ‚Rassismus' und den ‚Sexismus' ablehnt, den ‚Speziesismus' jedoch für eine intuitive Selbstverständlichkeit hält, sollte sich ... folgendes vor Augen halten: Jahrhundertelang wurden in derselben europäischen Gesellschaft auch ‚Rassismus' und ‚Sexismus' für intuitive Selbstverständlichkeiten gehalten, die ein ‚anständiger Mensch' nicht in Frage stellte. (...)

Man braucht nicht unbedingt an einen allgemeinen Fortschritt des Menschengeschlechtes zu glauben, um trotzdem annehmen zu dürfen, daß der heute noch weithin herrschende ‚Speziesismus' *eines Tages* selbst unter Juristen und Politikern keine bessere Presse finden wird als der ‚Rassismus' oder der ‚Sexismus' in den aufgeklärteren Regionen der *heutigen* Welt."

Wie heute Tierbefreiungen gegen bestehende Gesetze verstoßen, verstießen seinerzeit Sklavenbefreiungen gegen bestehende Gesetze. An der Sache hat sich nichts geändert: die institutionalisierte Ausbeutung von wehrlosen Wesen, seien es menschliche oder tierliche Sklaven, war, ist und bleibt falsch.

In meinem Buch „Menschenrechte und Tierrechte" (Kaplan, 2019, S. 94) habe ich Tierrechte konkret wie folgt charakterisiert:

„Tiere haben das Recht, daß ihre Interessen gleich berücksichtigt werden wie ähnliche menschliche Interessen."

2. Veranschaulichung der Tierrechtsidee

Tierrechte und Fische

Meine frühesten Kindheitserinnerungen an die Ausbeutung von Tieren betreffen Fische bzw. Meerestiere. Ich denke noch mit Schrecken an die toten Fische im Lebensmittelgeschäft und an die Krabben, die am Strand gefangen wurden. Mir war sofort und unmittelbar klar, welch schreckliche Verbrechen hier geschehen – offenbar als einzigem weit und breit: Damals, vor Jahrzehnten, vor Beginn der Tierrechtsbewegung, gab es noch so gut wie überhaupt kein Bewußtsein von unserem Unrecht gegenüber Tieren.

Heute sind Fische und andere Wassertiere (ich spreche im folgenden der Kürze halber nur mehr von „Fischen") leider noch immer die am meisten geschundenen Geschöpfe auf Erden. Und dies, obwohl längst erwiesen ist, daß sie genauso leidensfähig sind wie andere Tiere und obwohl ihre Ausbeutung zahlenmäßig alle anderen Grausamkeiten und Gemeinheiten gegenüber Tieren bei weitem übersteigt.

Die Bezeichnung „Meeresfrüchte" sagt eigentlich alles über den moralischen Stellenwert, den wir Fischen zugestehen: gar keinen. Gleichzeitig ist die Bezeichnung „Meeresfrüchte" für leidensfähige Lebewesen ein Musterbeispiel für die Verharmlosung, Verleugnung und Verdrängung unserer Tyrannei gegenüber Tieren.

Eine schamlosere Verniedlichung, als empfindsame Wesen sprachlich und damit moralisch kurzerhand in Pflanzen zu verwandeln, ist kaum denkbar.

Fische sind in mehrfacher Hinsicht die größten Opfer menschlicher Gedankenlosigkeit und Gemeinheit. Zwei Beispiele: Sie profitieren überhaupt nicht vom gesundheitlichen Trend, weniger oder kein Fleisch zu essen. Im Gegenteil: sie gelten als besonders wertvolle Nahrungsmittel und werden daher auch von jenen bevorzugt verzehrt, die aus gesundheitlichen Gründen auf „richtiges Fleisch" verzichten. Zweitens: Auch viele jener Menschen, die ein (Halb-)Bewußtsein in bezug auf unser Unrecht gegenüber Tieren entwickelt haben, erblicken im Essen von Fischen kaum ein moralisches Problem – es sind ja keine „wirklichen Tiere", sondern, siehe oben, eigentlich eher „Früchte"!

Fische sind in der Tat ein besonders trauriges Kapitel der Mensch-Tier-Beziehung. Für die Fische, weil sie von der Bewußtseinsveränderung, die in den letzten Jahrzehnten in bezug auf unseren Umgang mit Tieren stattgefunden hat, am wenigsten profitiert haben. Für die Menschen, weil die Behandlung von Fischen unsere armselige intellektuelle und moralische Beschaffenheit drastisch verdeutlicht.

Aufgrund der Zahl der betroffenen Tiere zeigt unsere Ausbeutung von Fischen aber auch wie im Brennspiegel den Unterschied zwischen Tierschutz und Tierrechten – und die Notwendigkeit, letztere zu erkennen und zu verwirklichen: je größer die Zahl der Betroffenen, desto größer auch die Gefahr, den einzelnen, das Recht des einzelnen, zu übersehen. Und exakt dies ist der Kardinalfehler des traditionellen Tierschutzes.

Tierschutz, und das heißt meist kollektiven Tierschutz, vor allem Artenschutz, betreiben auch jene, die sich an Deck von *Greenpeace*-Schiffen für den Schutz „gefährdeter" Fische engagieren, während sie unter Deck gedankenlos und guten Gewissens „ungefährdete" Fische essen. Tierrechte erkennt und praktiziert hingegen, wer auch diese „ungefährdeten" Tiere achtet – nicht um des Erhalts ihrer Art willen, nicht um der Schönheit und Vielfalt („Artenvielfalt"!) der Natur willen, *sondern um dieser Wesen selbst willen.*

Tierschützer, die nur Arten schützen, aber das eigenständige Recht individueller Tiere verleugnen, gleichen „Menschenrechtlern", die, nachdem sie sich des gesicherten Fortbestandes einer „Rasse" vergewissert haben, hemmungslos Sklaverei, Folter und Kannibalismus betreiben.

Terror in New York – und überall

Der Anschlag auf die beiden Türme des World Trade Centers in New York war für die Betroffenen eine schreckliche Katastrophe. Tausende von Opfern in wenigen Minuten. Über Ursachen, Zusammenhänge und Hintergründe wollen wir an dieser Stelle nicht speku lieren. Worum es gehen soll, ist, daran zu erinnern, daß das, was uns hier als größter Terroranschlag der Geschichte wochenlang in Atem hielt, für die Tiere tägliche Realität ist:

Tiere werden absichtlich den Bedingungen eines Atomkrieges ausgesetzt, um festzustellen, wie lange sie überleben und wie sie sterben. Tiere werden gefesselt und mit Gewehren beschossen, um die Wirkung neuer Munitionen zu erkunden. Tiere werden bei der „Erschließung" der Natur, beim Abriß von Gebäuden, beim Bau von Straßen, bei Inbetriebnahme von Staudämmen und so weiter und so fort rücksichtslos verängstigt, vertrieben, verletzt und vernichtet. Vögelschwärme, die den Betrieb auf Flughäfen behindern, werden erbarmungslos niedergemetzelt. Überall und ununterbrochen sind Vergasungs- und Vergiftungskommandos unterwegs, um „Ungeziefer" und andere „Schädlinge" auf brutalste Weise zu „vertilgen". Ganz zu schweigen von den rund um die Uhr weltweit stattfindenden Routine-Massakern in Versuchslabors und Schlachthäusern.

Dieser tägliche Terror gegenüber Tieren übersteigt den tödlichen Schrecken von New York um ein Maß, das in Zahlen nicht ausdrückbar ist. Das muß man sich in Erinnerung rufen und vegegenwärtigen, um dafür zu sensibilisieren, wie berechtigt und unabdingbar die Forderungen der Tierrechtsbewegung sind – und wie obszön-„vernünftig" und zynisch-unzureichend alles ist, was von „besonnenen" und „realistischen" Zeitgenossen zur Verbesserung des Loses der Tiere vorgeschlagen wird.

Apropos obszön und zynisch: Im Zuge der Bergungs- und Aufräumungsarbeiten beim World Trade Center kam es auch zu einem „tragischen Mißverständnis": Ein Polizist erschoß versehentlich einen Hund. Das „tragische Mißverständnis" bestand aber nicht darin, daß der Hund erschossen wurde, sondern darin, daß es der falsche war: Der Polizist hatte nicht, wie er glaubte, einen schädlichen „Streuner", sondern einen wertvollen Suchhund („highly trained" und „very expensive") getötet. Wie sagte doch Präsident Bush in bezug auf ausländische Hilfe bei der Suche und Verfolgung der Attentäter: Wer nicht für uns ist, ist gegen uns. Diese ebenso unlogische wie unmoralische Aussage beschreibt auch unsere Einstellung gegenüber Tieren: Nur Tiere, die uns nutzen, dürfen, solange sie uns nutzen, leben. Alle anderen sind unsere Feinde und müssen vernichtet werden.

Schädlinge

Auf dem Weg von zuhause zu meinem Arbeitszimmer entdecke ich auf der Straße eine Schnecke. Ich bücke mich, um sie aufzuheben – da fällt mein Blick auf den Schriftzug eines neben mir parkenden Autos: „Schädlingsbekämpfung". Da wird mir plötzlich und dramatisch das ungeheure Ausmaß der noch zu leistenden Arbeit bewußt: Tierrechtler sind Einzelkämpfer gegen eine Industrie des Quälens und Mordens, kaum ein Tropfen auf den sprichwörtlichen heißen Stein. Aber gerade *weil* die Aufgabe so groß ist, müssen wir besonders engagiert und fleißig sein.

Apropos Schädling: Der einzige Schädling, der nicht nur für einige, sondern für alle Lebewesen verderblich ist, ist der Mensch! Es gibt kein anderes Tier, und sei es noch so „gefährlich", das Atomkraftwerke und Atombomben baut. Das machen nur wir „vernunftbegabten" Menschen, die „Krone der Schöpfung". Deshalb haben wir von allen Lebewesen das *geringste* Recht, andere als Schädlinge zu bezeichnen.

„Die Menschen kommen zuerst!"

Einer der beliebtesten und dümmsten Vorwürfe gegen Tierrechtler lautet: „So lange es auf der Welt so viel menschliches Leid gibt, ist es unverantwortlich, Zeit und Energie für Tiere zu verschwenden. Die Menschen kommen zuerst!"

Wer diese Forderung erhebt, beweist zweierlei: Erstens, daß er nicht weiß, wovon er spricht, und zweitens, daß er *nicht* zu jenen gehört, denen die *Menschen* wirklich am Herzen liegen: Wer sich nämlich *wirklich* um Menschen kümmert, dem sind auch die Tiere ein Anliegen, und wer sich *wirklich* um Tiere kümmert, dem sind auch die Menschen ein Anliegen. Ethik ist unteilbar! „Die Menschen kommen zuerst!" ist ein billiger und schäbiger Vorwand dafür, um *weder* für Tiere *noch* für Menschen etwas zu tun.

In Wirklichkeit sind ja auch Tierrechtsbewegung und Menschenrechtsbewegung eine Einheit. Man kann nicht Sklaven befreien *oder* Frauen emanzipieren *oder* Homosexuelle anerkennen *oder* Tiere schützen. Vielmehr muß man einfach einmal erkennen: Die Interessen eines Lebewesens dürfen nicht deshalb weniger zählen, weil dieses Lebewesen zu einer anderen Gruppe gehört.

In der konkreten Praxis ist freilich, wie im *gesamten* Bereich gemeinnütziger Tätigkeiten, eine Aufgabenteilung sinnvoll und selbstverständlich. Daher ist auch überhaupt nichts Anstößiges daran, daß sich einige Menschen auf die Belange von Tieren konzentrieren. Einer Museumsgesellschaft wird schließlich, wie Gotthard M. Teutsch treffend feststellt, auch nicht vorgeworfen, daß sie sich nur um alte Kunst und nicht auch um alte Menschen kümmert!

In weiten Bereichen läßt sich Menschen- und Tierliebe aber ohnehin trefflich unter einen Hut bringen. So wird zum Beispiel niemand in seinem Engagement für Menschen dadurch beeinträchtigt, daß er keine Tiere umbringt und aufißt!

Darüber hinaus sind solche absoluten Prioritätensetzungen wie „Die Menschen kommen zuerst!" ohnehin von vornherein unsinnig und unverantwortlich. Nehmen wir etwa die Forderung: „Für unsere Nächsten sind wir mehr verantwortlich als für Fremde." Das können wir zwar vielleicht *im Konfliktfall* als Verhaltensregel akzeptieren. Aber es wäre doch, wie Teutsch bemerkt, völlig abwegig, Fremden *immer* erst zu helfen, wenn bei unseren Nächsten *alle* Bedürfnisse voll befriedigt sind! Es wäre absurd zu sagen: „Spenden für verhungernde Kinder in Afrika kommen erst in Frage, wenn alle meine Kinder einen eigenen Fernseher haben."

Oder nehmen wir die an sich vernünftige Prioritätensetzung: „Überleben ist wichtiger als Gleichberechtigung." Selbst hier wäre eine Verabsolutierung unverantwortlich. Das erkennt man sofort an der Unhaltbarkeit eines Vorwurfs wie: „Wie kann man nur bei uns für die Gleichberechtigung der Frauen kämpfen, solange sich in Afrika die Menschen gegenseitig abschlachten!" Absolute Prioritätensetzungen sind, wie leicht erkennbar, unsinnig und unmenschlich.

Auch geht es nicht nur um abstrakte Prioritäten, sondern auch darum, wo uns Leid und Unrecht persönlich konkret begegnen. Wenn wir zum Beispiel zu einem Autounfall kommen, wäre es abwegig zu sagen: „Leider kann ich hier jetzt nicht helfen, denn anderswo gibt es noch viel schrecklichere Unfälle!" Selbstverständlich müssen wir dort handeln und eingreifen, wo wir Leid und Unrecht antreffen. Und: Mit Unrecht gegenüber Tieren werden wir täglich konfrontiert - auf unserem Teller.

Die Tierschutz-Lüge

Die Tierschutz-Lüge besteht in der Verniedlichung von Grundsatz-Problemen zu Mengen-Problemen. Die Forderung nach *weniger* Tierversuchen und *weniger* Fleischkonsum sind Beispiele hierfür: anstatt zu sagen, daß es falsch ist, Tiere zu foltern und umzubringen, wird gesagt, daß es falsch ist, *zuviele* Tiere zu foltern und umzubringen. Ein besonders eindrucksvolles Beispiel für diese dramatische Verkennung des Wesentlichen ist folgendes Zitat über die Schlachtung von Hühnern:

„Brutal aus den Käfigen herausgerissen, werden sie - Kopf nach unten - in ein laufendes Fließband eingehakt. Der Kopf soll in das Wasserbad eintauchen, um den Stromkreis für die Betäubung zu schließen. Dabei fangen sie wie wild an, sich letztmalig aufzubäumen und mit den Flügeln zu schlagen ... Ein guter Teil der Tiere verfehlt das Wasserbad, weil sie zu klein sind oder gerade den Kopf anheben und kommen somit unbetäubt - gesetzeswidrig - zum automatischen Messer. Wenn sie auch das verfehlen, ereilt sie der unvermeidliche Tod spätestens im Brühbad. Weniger Fleisch essen hilft ... den Tieren."

Hier offenbart sich der ganze Unsinn einer solchen Argumentation des *weniger ist gleich besser* auf besonders anschauliche Weise: *Natürlich* ist weniger Fleisch zu essen besser für die Tiere. Aber besser eben nur in dem Sinne, wie auch weniger Vergewaltigungen, weniger Folterungen und weniger Hinrichtungen besser sind. Niemand käme jedoch im Ernst auf die Idee, weniger Vergewaltigungen, weniger Folterungen und weniger Hinrichtungen als *Ziel* zu formulieren! Und genau das ist der Punkt: Jede Forderung nach *Verringerung* von Verbrechen muß notwendigerweise mit der Forderung nach *Abschaffung* dieser Verbrechen verbunden werden. Ohne diese Verknüpfung sind alle „Verbesserungen" ethisch veranwortungslos und faktisch folgenlos.

„Sie lieben die Tiere ja mehr als die Menschen!"

Großzügigerweise ist man ja bereit, „Tierfreunden" so einiges an „Verrücktheiten" nachzusehen – eben *weil* sie „Tierfreunde" und damit zumindest leicht verrückt sind: daß sie zuviel Zeit für Tiere verwenden, daß sie Tiere zu sehr lieben („Hundenarr", „Katzennarr" usw.) und vieles andere mehr. Bei einem Vorwurf findet jegliches Verständnis allerdings ein jähes Ende: „Sie lieben die Tiere ja mehr als die Menschen!" Ist man dieses Kapitalverbrechens erst einmal verdächtigt, hat man augenblicklich jeglichen Kredit und alle Sympathien verspielt! Warum eigentlich?

1) Wer mit Selbstverständlichkeit davon ausgeht, daß man Menschen mehr wertschätzen müsse als Tiere, beantwortet voreilig eine Frage, die vernünftigerweise erst einmal gestellt und diskutiert werden müßte: *Warum* sollen Menschen auf alle Fälle wertvoller sein?

2) Die Forderung an Menschen, Menschen mehr zu lieben als Tiere, kann auch als Aufforderung zu einer ausgesprochenen Untugend gesehen werden: als Aufforderung zur Parteilichkeit. Zur Parteilichkeit für die uns Näherstehenden bzw. zur negativen Voreingenommenheit gegenüber „Fremden". Das ist im Grunde ein klassischer *Anti*-Ethik-Ansatz – geht es doch in der Ethik nicht zuletzt gerade darum, Parteilichkeiten in Frage zu stellen und zu überwinden.

3) Es spricht viel dafür, daß viele Tiere vielen Menschen moralisch überlegen, zumindest nicht moralisch unterlegen sind: Die bloße menschliche Moralfähigkeit, also die Fähigkeit, zwischen Gut und Böse zu unterscheiden und zu entscheiden, ist ja noch kein Verdienst. Verdient macht sich jemand erst, wenn er diese Fähigkeit auch positiv *nützt*, sprich: sich tatsächlich für das Gute entscheidet. Andererseits erzeugt erst die Moralfähigkeit die Gefahr, moralisch zu scheitern, sprich: sich für das Böse zu entscheiden. Moralfähigkeit bedeutet also keineswegs automatisch moralische Höherwertigkeit, beinhaltet aber die Gefahr, moralisch min-

derwertig zu werden - minderwertig im Vergleich zu jenen, die von vornherein nicht moralfähig sind. (Ob und in welchem Maße bestimmte Tiere moralfähig sind, wollen wir in diesem Rahmen nicht diskutieren.)

4) Wer nicht Augen, Ohren, Hirn und Herz davor verschließt, wie fürchterlich Menschen Tiere behandeln, der *muß* die Tiere mehr lieben als die Menschen, die diese unschuldigen Tiere tyrannisieren, quälen und umbringen!

Empathie und Ethik

Ursprünglich wollte ich nur eine kleine Geschichte von meiner verstorbenen Katze und mir erzählen. Dann fiel mir auf, daß diese Geschichte eigentlich keinerlei „Botschaft" oder Nutzanwendung in Richtung Tierrechte enthält - wodurch eine Veröffentlichung vielleicht eher unpassend oder „übertrieben" erscheinen könnte. Dann entdeckte ich aber doch einen allgemeingültigen Aspekt:

Solche engen Beziehungen zwischen Menschen und Tieren sind ja alles andere als selten. Mehr noch: Wir finden sie sogar häufig bei ausgesprochenen Speziesisten, die trotz ihres Speziesismus eine besonders innige Beziehung zu ihrem Lieblingstier haben. Spontan fallen mir Freßpapst Siebeck ein, der ein enges Verhältnis zu seiner Katze hatte, und Stierkampffan Picasso, der seinen Hund Lumpi über alles liebte.

Hätten diese und andere Parade-Speziesisten ein Mal ernsthaft über ihre Beziehung zu ihren tierlichen Freunden nachgedacht – sie wären zu Tierrechtlern geworden. Denn es wäre ihnen klar geworden, daß es höchst unvernünftig und inkonsequent ist, *ein* Tier zu hätscheln, während man *andere*, die genauso sensibel sind und die einem ebenfalls „überhaupt nichts getan haben", aufißt oder zusieht, wie sie zutodegequält werden.

Bei Siebeck, Picasso und den meisten anderen Menschen, die eine enge Beziehung zu einem Tier hatten oder haben, hat dieser Erkenntnisprozeß leider nicht stattgefunden. Schließlich müßte zweierlei zusammenkommen: eine empathische Beziehung und eine ethische Erkenntnis bzw. Schlußfolgerung. Aber das erste Element war bzw. ist immerhin vorhanden, woraus zumindest die Chance für einen Erkenntnisprozeß in Richtung Tierrechte resultiert.

Womit wir bei der „Botschaft" im Zusammenhang mit engen Mensch-Tier-Beziehungen sind: Fördern wir diese, wo wir nur können, denn sie enthalten zumindest die Chance auf einen Entwicklungsprozeß in Richtung Tierrechte!

Freundschaft

Voriges Jahr ist mein Kater Mecky gestorben. Ich mußte gerade wieder an ihn denken, als ich eine Katze durchs hohe Gras streunen sah. Mecky war eine „Wohnungskatze", deshalb habe ich ihm täglich frisches Gras gebracht, worüber er sich immer sehr freute. Ich bedauere sehr, daß er nie dieses Naturerlebnis hatte.

Das bedauerte ich immer. Eines meiner intensivsten Erlebnisse mit ihm war, als er sich, bereits schwer krank, mit Mühe auf die Fensterbank in meinem Arbeitszimmer setzte und den schönen Sommertag samt Vogelgezwitscher förmlich in sich aufsog, quasi noch einmal die Welt, das Leben, die Natur einatmete. Dieser Anblick, dieses Miterleben, dieses Mitfühlen ging mir sehr nahe.

Wie durch ein Wunder hat sich Mecky dann noch einmal erholt und wir durften noch viele schöne gemeinsame Stunden in meinem Arbeitszimmer erleben. So gut wie mit ihm habe ich mich mit kaum einem Menschen verstanden. Er wird ewig in meinem Herzen sein und er ist auch physisch bei mir – wenn nun auch in einem anderen materiellen Zustand: Seine Urne steht hier.

Ich wende mich nun Aufzeichnungen zu, die ich während seiner Einäscherung auf mein Diktaphon gesprochen und bis jetzt liegen gelassen hatte:

Abschied

Ich bin auf dem Weg zu Meckys Einäscherung. Genauer gesagt: Auf dem Weg zu einem Ort, an dem ich zum

Zeitpunkt seiner Einäscherung in München in Richtung München blicken und an ihn denken werde. So grauenvoll der Gedanke – was heißt der Gedanke, das *Wissen* – ist, daß es Mecky nicht mehr gibt, und so schrecklich die existentielle Leere, das Seins-Loch, das sein Tod aufgerissen hat, ist: Ihm tut nichts mehr weh, er leidet nicht mehr. Dies war auch der einzige tröstende Gedanke, der mir nach seinem Tod in den Sinn kam: Ein Leidender weniger.

Ich gehe auf die sogenannte Richterhöhe. Dort befindet sich nämlich eine Windrose, auf der Städte, Seen und Berge eingezeichnet sind. Ich blicke also in Richtung München, wo Mecky gerade verbrannt wird. Ein großer Kamin, aus dem Rauch aufsteigt, gerät in mein Blickfeld – so wie an dem Ort, an dem Mecky jetzt ist, denke ich. In meiner unmittelbaren Umgebung: ein schloßartiges Haus. Mein Lebenstraum: Hier mit Mecky leben und arbeiten. Und da drüben das Haus, in dem Peter Handke eine Zeit lang wohnte. „Chinese des Schmerzes" fällt mir ein. Ich habe keine Ahnung, worum es in diesem Buch geht, aber dieser Titel kommt mir sofort in den Sinn. Zuhause sehe ich dann bei meinen Büchern nach, ich hatte doch ein Handke-Buch, das meiner Tochter gehört. Da ist es auch schon – „Der Chinese des Schmerzes". Umschlagbild: „Die Richterhöhe auf dem Mönchsberg."

Was wir von Reinhold Messner
lernen können

„Konrad muß sterben. Derselbe Freiheitstrieb, der ihn mit seinem Herrn verbindet, soll den schottischen Hochlandbullen mit dem langen, zottigbraunen Fell und dem mächtig geschwungenen Gehörn nun das Leben kosten. Auch wenn es bei Konrad nur die kleinen Ausflüge waren, die er so sehr liebte - von seiner hügeligen Koppel hinein in die Gärten des Südtiroler Bergdorfs Sulden.

‚Schauen Sie, Herr Messner‘, sagt die Nachbarin verärgert und deutet auf die abgekauten Triebe an ihrer Zwergkiefer und die tiefen Spuren im akkurat gemähten Rasen, die Konrad bei seinem letzten Besuch hinterlassen hatte. - ‚Nun gut‘, entscheidet der vollbärtige Mittfünfziger in der bunten Strickjacke kurzentschlossen, ‚dann wird er eben geschlachtet. Wir brauchen sowieso Nachschub für den Herd im Gasthof.‘

Ist das wirklich der berühmteste Gipfelstürmer der Welt, der sämtliche Achttausender dieser Erde bezwungen hat, die Antarktis und Grönland der Länge nach durchquerte?“

Ich bin wieder einmal - warum eigentlich noch immer? - entsetzt: Schon wieder ein Mensch, den ich eigentlich für einsichtig, vernünftig und großzügig gehalten hatte, von dem ich erfahren muß, daß er in

Wirklichkeit ein genauso erbärmlicher Tierschinder und -schänder ist wie all die anderen. Aber immerhin, so tröste ich mich: Der Autor dieses Berichts über Reinhold Messner (in der „Zeit" vom 26. 11. 1998) hat den Widerspruch zwischen Messners angeblicher Größe und dieser kleinkarierten Entscheidung, ein Tier für sein natürliches Verhalten mit dem Tode zu bestrafen, wenigstens erkannt – schreibt er doch: „Ist das wirklich der berühmteste Gipfelstürmer der Welt, der sämtliche Achttausender dieser Erde bezwungen hat, die Antarktis und Grönland der Länge nach durchquerte?"

Aber dann lese ich weiter – und sehe, daß und vor allem wie der Satz weitergeht: „Ist das wirklich der berühmteste Gipfelstürmer der Welt ..., *der sich hier mit den einfachen Dingen des Alltags herumschlägt?"*

Auch der Autor dieses Berichts über Messner ist also nichts anderes als ein kleiner, schäbiger Speziesist: Er wundert sich keineswegs über den Widerspruch zwischen Messners angeblicher Größe und der kleinmütigen Entscheidung, ein unschuldiges Tier für nichts und wieder nichts zu bestrafen, sondern darüber, daß sich der „große" Messner mit so alltäglichen, banalen und selbstverständlichen Dingen wie dem Umbringen und Ausbeuten eines „lästigen" Tieres herumschlägt. Was hat die ganze Tierrechtsarbeit für einen Sinn, wenn man nach wie vor und überall solch hirn- und herzlose Berichte lesen muß!

Mein Entsetzen paßt gut zu einer Frage, die eine Tierrechtsaktivistin kürzlich unbedingt beantwortet haben wollte: Werden wir den Durchbruch der Tierrechtsbewegung noch erleben? Hat denn der ganze Einsatz letztlich überhaupt einen Sinn?

So verständlich und persönlich drängend diese Frage auch immer sein mag, sie ist im Grunde sinn- und belanglos. Wir stellen ja auch angesichts der Verbrechen gegenüber Menschen, von denen wir täglich hören, nicht die Frage: Werden wir den endgültigen Sieg der Menschenrechte über die Barbarei noch erleben? Haben unsere Bemühungen, Leiden zu lindern, überhaupt einen Sinn, wenn Verbrechen und Elend ja doch nie aufhören?

Wer helfen will und helfen kann, der hilft einfach – unabhängig davon, ob dies *letztlich* „Sinn" ergibt, sprich: die Menschenrechtsidee sich am Ende „wirklich" durchsetzen wird. Wer angesichts der lähmenden Langsamkeit des Fortschritts der Tierrechtsbewegung die Sinnhaftigkeit seines Engagements bezweifelt, handelt wie jemand, der ein Kind neben sich verhungern läßt, „weil in Afrika der Hunger sowieso nie aufhören wird".

Was wir von Reinhold Messner lernen können? Nichts. *Durch* ihn können wir aber sehr wohl etwas lernen: So weit man auch geht und so hoch man auch steigt – wenn man dabei sein Hirn nicht nützt und sein Herz nicht hört, nutzt es gar nichts. Man kommt als der gleiche Kleingeist zurück, als der man weggegangen ist. Messner wäre besser zuhause geblieben und hätte das getan, was jeder tun muß, der Mensch werden will: sich über das Gedanken zu machen, was vor der Haustür passiert.

Nobelpreisträger für Tierrechte

Neulich fiel mir eine alte Zeitungsmeldung folgenden Inhalts in die Hände: Nachdem in Bangladesch Wilderer einen jungen Elefanten getötet hatten, verwüsteten die überlebenden Herdenmitglieder ein ganzes Dorf und schlugen 1000 Bewohner in die Flucht. Einige Tiere bewachten den toten Verwandten und ließen keine Menschen heran. Ein Wildhüter berichtete, daß die trauernden Elefanten Klagegeräusche von sich gaben.

Bei diesem Bericht mußte ich gleich an folgendes Zitat von Elias Canetti (1973; zit. n. Teutsch, 1987, S. 168) denken:

„Es schmerzt mich, daß es nie zu einer Erhebung der Tiere gegen uns kommen wird, der geduldigen Tiere, der Kühe, der Schafe, alles Viehs, das in unsere Hand gegeben ist und ihr nicht entgehen kann. Ich stelle mir vor, wie die Rebellion in einem Schlachthaus ausbricht und von da sich über eine ganze Stadt ergießt."

Überhaupt kann die Tierrechtsbewegung auf eine beeindruckende Zahl von Nobelpreisträgern auf ihrer Seite verweisen:

Elfriede Jelinek (2004) bekennt sich zum Kampagnentext: „Sowenig Farbige für Weiße oder Frauen für Männer geschaffen wurden, sowenig wurden Tiere für den Menschen geschaffen." Und der Literaturnobelpreisträger des Jahres 2003, J. M. Coetzee, war ebenfalls ein vehementer Verfechter der Tierrechtsidee. (Vgl. Wikipedia)

„Im Hinblick auf das Recht zu leben, befinden wir uns ... auf derselben Stufe wie die Tiere", befindet der Dalai Lama (Tier und Mensch, 1991, S. 9). Ob Dichter, Denker oder Wissenschaftler – viele kommen zum Ergebnis, daß der übliche Umgang mit Tieren moralisch nicht zu rechtfertigen ist:

„Es gibt keinen objektiven Grund für die Annahme, daß menschliche Interessen wichtiger seien als tierliche." Bertrand Russell (1990, S. 92)

„Wer gegen arme, hilflose Mitgeschöpfe, die unter ihm stehen, erbarmungslos gewesen ist, hat kein Recht, wenn er in hilflose Lage kommt, zu einem höher stehenden Wesen zu beten: Herr, erbarme dich meiner!" Bertha von Suttner (Tier und Mensch, 1991, S. 20)

„Die Grausamkeit gegen Tiere und auch die Teil-
nahmslosigkeit gegenüber ihren Leiden ist nach meiner Ansicht eine der schwersten Sünden des Menschen-
geschlechts." Romain Rolland (Walden / Bulla, 1984,
S. 156)

„Die unschuldigen Pflanzen und Tiere sind von Gott
in des Menschen Hand gegeben, daß er sie liebe und
mit ihnen wie mit schwächeren Geschwistern lebe."
Hermann Hesse (Tier und Mensch, 1991, S. 6)

„Unsere Aufgabe ist es, uns selbst zu befreien, indem
wir die Sphäre des Mitleids auf alle Lebewesen ausdehnen." Albert Einstein (1992)

„Ethik ist ins Grenzenlose erweiterte Verantwortung gegen alles, was lebt." Albert Schweitzer (O. J.a, II, S. 379)

Das ist schon eine erstaunliche und erfreuliche Liste.
Umso mehr, wenn man bedenkt, daß die Mehrzahl der
angeführten Personen ihre Aussagen zu einer Zeit
machte, als es die Tierrechtsbewegung noch gar nicht
gab. Das ist ein unabweisbarer Beleg dafür, daß die be-
liebte Behauptung, Tierrechte seien eine bloße Modeer-
scheinung, völlig unsinnig ist. Das Gegenteil ist der
Fall: Herausragende Geister haben Richtigkeit und
Notwendigkeit von Tierrechten schon lange vor der
Tierrechtsbewegung erkannt.

Und Elfriede Jelineks Bekenntnis wirft auch ein Schlaglicht auf einen wichtigen Grund für diese frühzeitige Erkenntnis: die innere Logik der Entwicklung von Ethik und politischem Bewußtsein. Die Ausbeutung und Unterdrückung aufgrund der Spezies ist letztlich genauso willkürlich und falsch wie die Ausbeutung und Unterdrückung aufgrund von Hautfarbe und Geschlecht. Rassismus, Sexismus und Speziesismus befinden sich logisch und ethisch auf der gleichen Ebene – und sind aus dem gleichen Grund falsch: Es sind moralische Diskriminierungen aufgrund moralisch belangloser Merkmale – Hautfarbe, Geschlecht und Artzugehörigkeit.

Viele Nobelpreisträger haben sich überraschend „radikal" und „provozierend" geäußert. So auch George Bernard Shaw („Tiere sind meine Freunde ... und meine Freunde esse ich nicht")(Parham, 1981, S. 55) und Isaac Bashevis Singer („Wo es um Tiere geht, wird jeder zum Nazi")(Patterson, 2002, S. VII, XVI). Das sollte auch uns ermutigen, die Verbrechen an Tieren beim Namen zu nennen. Wer schweigt oder schönredet, macht sich schuldig.

Unangepasst, mutig und frech – und tierfeindlich!

Anläßlich des 85. Geburtstages von Georg Kreisler wurde von den TV-Kulturmagazinen vor allem die besondere Qualität seines Humors gewürdigt (abgründig, tiefgründig usw.). Die einschlägigen Ergriffenheitsäußerungen der Moderatoren (mit feierlicher Stimme, starrem Blick usw.) signalisierten höchste Wertschätzung. Und welches Werk Kreislers wurde am häufigsten genannt und am meisten gelobt? Richtig: „Gehen wir Tauben vergiften im Park". Nirgendwo auch nur die leiseste Irritation darüber, daß es hier um die Verfolgung und Vernichtung der Schwächsten geht. Welch Nonkonformismus, welch großartiger Humor!

Roh oder reif?

Wie üblich redete Reinhold Messner im Fernsehen wieder ziemlichen Unsinn. Diesmal ging es um die angebliche Notwendigkeit, Tiere eigenhändig umbringen zu können. Dies sei bei Kaninchen, dozierte Messner, schwieriger als bei anderen Tieren, weil bei Kaninchen unsere ursprüngliche Scheu vor dem Töten größer und das Mitgefühl intensiver sei. Wie auch immer, da müsse man eben durch. Moderator (Reinhold Beckmann) und Gast (Udo Jürgens) nickten verständig bzw. grinsten dreckig.

Erst nachträglich wurde mir bewußt, welch erstaunliches Phänomen in solchen Situationen zutage tritt: Es besteht zwar weitgehendes Einvernehmen darüber, daß sowohl beim Töten von Tieren (etwa durch einen Bauern) als auch beim Töten von Menschen (etwa durch einen Serienmörder) eine anfängliche Scheu überwunden, eine Grenze überschritten werden muß. Was aber beim Umbringen von Menschen als katastrophale Verrohung angesehen wird, gilt beim Umbringen von Tieren als wünschenswerte Reifung!

Eine bemerkenswerte Unterscheidung – bei der allerdings weder Ethik noch Psychologie mitspielen: Es gibt keine vernünftige Begründung für diese Differenzierung (sondern nur eine auf religiösen Dogmen beruhende). Und Serienmörder „üben" in der Regel gerade das an Tieren, was sie später an Menschen verbrechen. Mit anderen Worten: Die übliche Unterscheidung zwischen „gesunder" Härte gegenüber Tieren und „natürlichem" Mitgefühl gegenüber Menschen funktioniert praktisch eben nicht, weil Härte gegenüber Tieren nahtlos in Gewalt gegenüber Menschen übergeht.

Sind Veganer friedlicher?

Der amerikanische Präsident Bush liebte es, Vögel vom Himmel zu schießen, seinem Nachfolger Clinton machte das, soviel ich weiß, auch großen Spaß und vom russischen Premierminister Tschernomyrdin war zu lesen (Der Spiegel, 22, 1999):

„Zu den Jägern, die sich mit Wagenkolonne und schwerbewaffneter Begleitung bei einer Winterhöhle vorfahren ließen, gehörte auch Rußlands Ex-Premier

Wiktor Tschernomyrdin: Um die Bärenfamilie aufzuwecken, stachen Helfer mit Stangen in die Höhle, bis zunächst die Jungtiere, dann die Mutter ins Freie taumelten. Weidwerker Tschernomyrdin schoß einem der Jungen aus zwei Meter Entfernung eine Kugel in den Schädel."

Wundert es eigentlich wirklich jemanden, wenn solchen Politikern auch Menschenleben nicht viel wert sind? Wären alle Politiker Veganer, wäre die Welt gewiß viel friedlicher. Oder, um es mit Leo Tolstoi zu sagen: Solange es Schlachthäuser gibt, wird es auch Schlachtfelder geben.

Keine vorzeitige Freude über voreilige Schlüsse! Ich weiß schon: Ganz so einfach liegen die Dinge nicht. Es gibt auch fleischessende Politiker, deren Wirken segensreich ist. Und Veganer, zumal „fanatische", an den Hebeln der Macht wären keineswegs Garanten für eine friedliche Welt. Schließlich soll auch Hitler Vegetarier gewesen sein.

Fanatiker hin, Hitler her: Wären alle Politiker ethisch motivierte Veganer (also Veganer um der Tiere willen, nicht um der eigenen Gesundheit willen), wäre die Welt wirklich besser, als sie es heute ist, wo die allermeisten Politiker Fleischesser und sehr viele obendrein auch noch „passionierte" Jäger sind. Gleichgültigkeit und Grausamkeit gegenüber Tieren bleiben nicht ohne Folgen für den Umgang mit Menschen.

Beweisen läßt sich das freilich nicht. Jedenfalls nicht hier und jetzt. Aber es sprechen gute Gründe für diese Position. Gründe, die auch Fleischesser für richtig halten: Angenommen, jemand müßte sich entscheiden, sein Leben entweder einem Jäger oder einem ethisch motivierten Veganer anzuvertrauen. Für wen würde er sich wohl entscheiden?

Tierbefreiungen: Eine historische Perspektive

In der Anfangszeit der Tierrechtsbewegung, in den siebziger und achtziger Jahren des vorigen Jahrhunderts, waren „Tierbefreiungen" an der Tagesordnung: Tiere wurden von Aktivisten aus Ställen, Versuchslabors usw. befreit, um ihnen gegenwärtige und künftige Qualen zu ersparen. Im Fersehen wurde damals regelmäßig über solche Aktionen berichtet. In den letzten Jahren war wieder öfter von Tierbefreiungen die Rede, häufig im Zusammenhang mit geheimen Filmaufnahmen über Mißstände, die an die Öffentlichkeit gespielt wurden. Im folgenden soll auf eine Perspektive verwiesen werden, aus der solche Aktionen gesehen werden können. Ich zitiere aus meinem Beitrag „Tierbefreiungen – Kriminelle Akte oder konsequente Ethik?" (Kaplan, 2007, S. 152):

„In bezug auf Tiere befinden wir uns heute in einer historischen Umbruchphase. Und diese manifestiert sich unter anderem in der Frage: Sind Tierbefreiungen moralisch legitim? Unsere aktuelle Situation in bezug auf Tiere ist vergleichbar mit jener historischen Situation, als immer mehr Menschen erkannten, daß die Sklaverei moralisch nicht mehr zu halten war. Solche Umbruchphasen sind durch zweierlei gekennzeichnet: gesellschaftliche Gespaltenheit und rechtliche Unsicherheit. Warum? Weil vorhandene gesetzliche Bestimmungen neuen moralischen Vorstellungen und Forderungen hinterherhinken. Ein historisches Beispiel:

Im Jahr 1839 segelte vor der kubanischen Küste das Sklavenschiff ‚La Amistad', weil die Sklaven an Bord auf Kuba noch etwas ‚aufgepäppelt' werden sollten, bevor sie in die USA verkauft werden sollten. Da erlaubte sich der Schiffskoch einen üblen Scherz, indem er den Sklaven eröffnete: ‚Jetzt werden wir euch alle schlachten.' Dies führte zu einem Aufstand der Sklaven, in dessen Verlauf diese die Besatzung und den Kapitän töteten. Die beiden Schiffseigner, die ebenfalls an Bord waren, wurden als Geiseln genommen und gezwungen, das Schiff nach Afrika zu führen. Sie trickten die Sklaven aber aus und brachten statt dessen das Schiff nordwärts in einen US-Hafen. Dort wurden die Sklaven des Mordes angeklagt und den Rädelsführern drohte die Todesstrafe."

Gegner der Sklaverei, darunter der Ex-Präsident John Quincy Adams, erreichten aber, daß die Sklaven, die sich gewaltsam ihrer Peiniger entledigt hatten, nicht verurteilt, sondern freigesprochen wurden. Vor diesem historischen Hintergrund können auch „gewaltsame Tierbefreiungen" gesehen werden.

Wie können Tierrechte verwirklicht werden?

Ein Bild sagt mehr als tausend Worte. Zugegeben: Auch Bilder über den Terror gegen Tiere haben bis jetzt wenig bewirkt. Aber wenn schon das beste Instrument zuwenig bewirkt, muß es eben (noch) stärker eingesetzt werden. Fest steht: *Wenn* sich irgendwo etwas bewegt, dann immer erst, nachdem es starke Bilder gegeben hat: Der *Abu Graib*-Folterskandal wurde durch Fotos und Videos aufgedeckt. Im *Vietnamkrieg* waren es die Bilder, die ab einem gewissen Zeitpunkt das Geschehen bestimmten. Und die Reaktionen auf *WikiLeaks* waren nicht zuletzt deshalb so hysterisch, weil WikiLeaks die Post-Vietnam-Strategie der Bilderzensur besonders spektakulär durchkreuzte.

Ein Bild sagt mehr als tausend Worte. Die Sache hat leider eine Kehrseite: Auch die Wirkung des besten Bildes kann durch wenige Worte zunichte gemacht werden. Durch religiöse, ideologische, weltanschauliche „Filter" nämlich, die sich quasi zwischen Bilder, sprich: die Realität, und den Betrachter schieben. Ein Beispiel: Im Buch „Soldaten" (von Sönke Neitzel und Harald Welzer) wird dramatisch veranschaulicht, wie erschütternd schnell aus ganz normalen Menschen brutale Mord- und Foltermaschinen werden können.

Was passiert da? Die Täter sehen zwar die „Bilder", die aktuelle Realität: weinende Menschen, verzweifelte Menschen, um ihr Leben bettelnde Menschen usw. Aber diese „Bilder" verfehlen ihre mögliche und wünschenswerte Wirkung. Warum? Weil sich die Täter sagen: In Wirklichkeit sind das doch gar keine richtigen Menschen! Sondern minderwertige Menschen, Untermenschen, gar keine Menschen, Ungeziefer usw.

Diese für die Opfer tendenziell tödliche Umdefinierung bzw. „moralische Herabstufung" kann schnell wieder rückgängig gemacht werden. Etwa durch einen politischen Friedensschluß, der die betreffenden Menschen (wieder) zu Verbündeten erklärt. Ebenso schnell kann die ursprüngliche „Herabstufung" erfolgen: Jüdische Nachbarn beispielsweise, mit denen man jahrelange freundschaftliche Beziehungen pflegte, konnten sich im „Dritten Reich" binnen kürzester Zeit in Personen verwandeln, mit denen man absolut nichts mehr zu tun haben wollte.

Eine „Bildervernichtung durch Worte" findet auch in bezug auf Tiere statt: Die Menschen sehen zwar - in Tierfabriken, Schlachthöfen, Versuchlabors usw. - die leidenden Tiere, denken aber sofort: Ja, gut, sieht schon schlimm aus – aber es sind Tiere, keine Menschen. Und Tiere sind nicht nach Gottes Ebenbild erschaffen, haben keine unsterbliche Seele, sind nicht „vernunftbegabt"; die kriegen das alles auch nicht so richtig mit usw.

Und diese „Bildervernichtung durch Worte" wirkt noch wesentlich stärker als im Hinblick auf Menschen! Erstens existieren diese – hier wohl primär religiösen – „Filter" seit Jahrtausenden. Und zweitens ist es natürlich bei Mitgliedern anderer Spezies ungleich leichter, sich einzureden, daß sie eigentlich überhaupt nicht so sind und überhaupt nicht so empfinden wie wir.

An die Stelle dieser *„bildervernichtenden" Dogmen* sollen – neben biologischen Fakten – *ethische Prinzipien* treten! Einfache, einleuchtende ethische Prinzipien. Zum Beispiel: Gleicher Schmerz ist gleich schlecht, egal ob er von Weißen, Schwarzen, Frauen, Kindern oder Tieren erlebt wird.

Zur ersten Strategie *Bilder* soll also die zweite Strategie *Ethik* kommen – um sicherzustellen, daß die Bilder ihre Wirkung nicht verfehlen. Also: Erstens *Bilder*, die die grausame Realität anschaulich zeigen. Zweitens *ethische Prinzipien*, die sicherstellen, daß diese Bilder auch richtig wahrgenommen werden – und nicht durch irgendwelche Thesen, Theorien oder Hirngespinste neutralisiert oder verfälscht werden.

Die Tierrechtsbewegung ist die konsequente und notwendige Fortsetzung anderer Befreiungsbewegungen wie etwa der Befreiung der Sklaven oder der Emanzipation der Frauen. Aber das müssen wir *sagen* und das müssen wir *zeigen*. Und beides funktioniert nur mit klaren ethischen Aussagen, nicht mit absurden Formeln wie etwa „Weniger Fleisch essen!"

Wir fordern ja auch nicht „Weniger Foltern!" oder „Weniger Vergewaltigen!" Warum? Weil Foltern und Vergewaltigen *immer* falsch sind! Und Tiere zu essen, ist auch immer falsch – egal, wie wir sie aufziehen und umbringen und egal, ob wir fleischfreie Tage einführen. Das dumme Gerede von „Bio", „Veggieday" und so weiter lenkt nur vom Wesentlichen ab: Leidensfähige Lebewesen für einen kurzen Gaumenkitzel umzubringen ist ein Verbrechen.

Wie radikal muß die Tierrechtsbewegung sein?

Vergessen wir nicht, daß die Tiere ihr schreckliches Schicksal vor nicht langer Zeit mit anderen Rechtlosen teilten, „daß der Platz ‚extra muros', außerhalb des Bereiches der konventionellen Ethik, den heute nur noch die Tiere einnehmen, gestern ... mit ... Sklaven, Leibeigenen, Ungläubigen, Indianern, Negern und Angehörigen anderer als ‚untermenschlich' gestempelten Menschengruppen geteilt wurde, die alle ‚wie Tiere' behandelt und demnach gejagt, gequält und getötet wurden."
(Godofredo Stutzin)

Die Tiere sind als letzte Rechtlose übriggeblieben. In folgendem historischen Detail kommt dies anschaulich zum Ausdruck: 1865 wurde in Amerika jedem freigelassenen Sklaven neben einem Stück Land auch ein Maulesel zugesagt. (Eine Frage der Ehre, Profil, 32, 2001) Die ehemaligen Sklaven sollten nun also ihrerseits einen Sklaven, nämlich ein Tier, erhalten. Damit endete die „Befreiungskette" vorerst. Die Tiere befinden sich noch immer in Gefangenschaft, sie sind noch immer Sklaven, die letzten „legalen" Sklaven auf der Welt.

Aus der einstigen Gemeinsamkeit von Tieren und anderen Unterdrückten gilt es, für heute Lehren zu ziehen: An den bereits erfolgten und erfolgreichen Befreiungen, etwa der Sklaven, der Schwarzen oder der Frauen, können wir studieren, wie solche Prozesse ablaufen. Diese Bewegungen können uns als Orientierung für die Befreiung der Tiere dienen.

Wohlgemerkt: Es geht hier schlicht darum festzustellen, wie frühere Befreiungsbewegungen erfolgt sind – um daraus Schlüsse für die Befreiung der Tiere zu ziehen. Dieser Punkt ist wichtig, wird doch der Tierrechtsbewegung immer wieder vorgworfen, zu „extrem", zu „radikal" usw. zu sein. Aufzuzeigen, wie historische Ereignisse faktisch verliefen, kann aber legitimerweise nicht kritisiert werden.

Und wenn man sich diese Prozesse ansieht, erkennt man: Hier handelt es sich durchgängig um ganzheitliche Phänomene dergestalt, daß sie auf allen Ebenen in allen Abstufungen abliefen: auf der persönlichen, gesellschaftlichen, politischen und rechtlichen Ebene, von „gemäßigten" bis zu „radikalen" Positionen.

Den Kampf um die Befreiung der Tiere auf einen Ausschnitt aus diesem Gesamtwirkspektrum beschränken zu wollen, wäre nicht nur naiv und unrealistisch, sondern vor allem auch unverantwortlich.

Exakt dies, eine eingeschränkte und einseitige Vorgangsweise, wird aber ununterbrochen von allen Seiten – nicht nur von den Tierausbeutern, sondern auch von den „Tierschützern" – gefordert: Es vergeht kein Tag, an dem nicht ein Verein einem anderen vorwirft, zu „emotional", zu „rational", zu „gemäßigt" oder zu „radikal" zu sein. Damit muß Schluß sein. Die Befreiung der Tiere bedarf aller Wirkkräfte. Nur eine ganzheitliche Bewegung, die alle Aspekte und alle Facetten eines historischen Umbruchs beinhaltet, kann die Tiere aus ihrer unverschuldeten jahrtausendelangen Knechtschaft befreien.

Über Ärzte, Arbeitsplätze und Tierrechte

Bei zwei Themen zappe ich sofort weg, weil ich die Engstirnigkeit und Naivität, mit der sie behandelt werden, nicht ertrage: die Gefahr einer „Ärzteschwemme" und das Problem „zu teurer Arbeitsplätze". Solange Chirurgen regelmäßig Marathondienste versehen, nach denen sie so übermüdet sind, daß sie nicht mehr Auto fahren dürften, vermag ich die Gefahr einer „Ärztschwemme" beim besten Willen nicht zu erkennen.

Und daß man Arbeit, anstatt froh zu sein, daß sie erledigt wird, künstlich schaffen will, ist mir auch schleierhaft. Schließlich kann man den gesamten Zivilisationsprozeß als Bemühung beschreiben, Arbeit zu erleichtern, zu verringern und abzuschaffen bzw. an Maschinen zu delegieren! Aber anstatt in Jubel darüber auszubrechen, daß uns dies erstmals in der Geschichte in nennenswertem Maße gelungen ist, wollen wir aberwitzigerweise Arbeit wieder künstlich schaffen – und beschweren uns darüber, daß dieses abstruse Ziel so schwer zu erreichen ist.

Begreift denn wirklich gar niemand, daß das, was die Menschen vor allem brauchen, Lebensmittel im weitesten Sinne sind, ihren gerechten und genügenden Anteil an dem, was produziert wird. Die Verteilung dieser Güter nach wie vor an Arbeitsplätze knüpfen zu wollen, wo Arbeit notwendig immer weniger wird, zeugt von einem realitätsverleugnenden Starrsinn, der einen schaudern läßt.

Selbstverständlich gibt es in diesem Zusammenhang auch psychologische und soziale Probleme: Identität durch Arbeit, das Gefühl, gebraucht zu werden, das Eingebundensein in eine Gemeinschaft usw. Aber von einer grundsätzlichen gesellschaftlichen Diskussion über das Thema Arbeit dürfte man doch wohl erwarten, daß die oben genannten prinzipiellen Tatsachen und Zusammenhänge wenigstens *erwähnt* werden. Exakt dies ist aber bis jetzt praktisch überhaupt nicht der Fall. Erst ganz langsam, ganz leise und ganz vorsichtig werden solche Überlegungen in die Diskussion eingebracht.

Es ist wahrlich eine Seltenheit, daß Starrsinn und Realitätsverleugnung Anlaß zu Zuversicht und Hoffnung geben. Aber der offenkundige Irrwitz, der in der Diskussion um „zuwenige und zu teure Arbeitsplätze" zu Tage tritt, ist ein solcher Lichtblick - und zwar im Hinblick auf die Realisierung der Ziele der Tierrechtsbewegung:

Wenn es beim Thema Arbeitsplätze dermaßen lange dauert, bis endlich ein paar Außenseiter zu begreifen beginnen, was eigentlich von Anfang an jedem hätte klar sein müssen - je größer der Fortschritt, desto weniger Arbeitsplätze -, dann gibt es auch Hoffnung, daß die Menschen endlich zu begreifen beginnen, wie steinzeitlich und unmoralisch unser Umgang mit Tieren ist.

Es lebe die Arbeitsplatzdiskussion, die uns den borniertien Blick des Menschen so drastisch veranschaulicht - und hoffen läßt, daß Aufklärung und Bewußtseinsbildung, wenn sie nur lange genug betrieben werden, vielleicht doch einmal Früchte tragen!

Zwischen Steinzeit und Zukunft

Ich hasse Reisen. Aber manchmal haben sie auch etwas Gutes: Man kommt auf neue Gedanken. Zum Beispiel auf der Fahrt vom Münchner Hauptbahnhof zum Flughafen: Entlang der Zugstrecke erblicke ich eine Unzahl von Jäger-Hochsitzen. Welch ein Widerspruch: Auf dem Weg zum hochmodernen Flughafen, wo ich – hoffentlich! – in ein ebenso modernes Flugzeug steigen werde, befinden sich hölzerne Hinterhalte für steinzeitliches Jagen.

Wenn und wo wir wollen, können wir uns also sehr wohl ändern: Anstatt mühsam von Ort zu Ort zu wandern, fliegen wir heute schnell und bequem mit dem Flugzeug. Aber wo es uns in den Kram paßt, bleiben wir "Gefangene unserer Gene", halten wir sogar an Techniken fest, deren Zweck inzwischen jegliche Berechtigung verloren hat.

So hat sich der Mensch im Laufe der Zeit zu einem wahren Ungeheuer entwickelt: Unbekümmert und rücksichtslos bedient er sich moderner Techniken und steinzeitlicher Ausreden, um seinen grenzenlosen Egoismus hemmungslos auszuleben.

„Wir sind doch alle Menschen!"

Daß der vermutlich korrupte Atomfan Franz Josef Strauß ein Jäger war, wird keinen Menschen überraschen. Daß aber auch der Friedensstifter und Freiheitskämpfer Nelson Mandela, der einem schon allein aufgrund seiner Biographie sympathisch sein muß, ein Jäger war, ist bemerkenswert – milde ausgedrückt. Eigentlich ist es unfaßbar. Wenigstens im ersten Augenblick.

Was folgt eigentlich daraus, daß sich ein Mensch, der sich große Verdienste um die Menschen erworben hat, sich in der Freizeit als Lustmörder von Tieren betätigt? Erste Möglichkeit:

Tiere sind unwichtig: Wenn ein Mensch, der sich in dieser Weise und in diesem Maße für seine Mitmenschen eingesetzt hat, zum Spaß Tiere tötet, dann, so könnte man argumentieren, zeigt dies, daß Tiere moralisch im Vergleich zum Menschen eben bedeutungslos sind, daß es kein Widerspruch ist, Menschen zu helfen und Tiere zu mißbrauchen. Zweite Möglichkeit:

Menschen sind dumm: Es ist schon erstaunlich, wenn jemand, der sein ganzes Leben gegen willkürliche Diskriminierung (von Schwarzen) aufgrund moralisch unwesentlicher Merkmale (Hautfarbe) gekämpft hat, nicht begreift, daß unser Verhalten gegenüber Tieren exakt nach dem gleichen Muster funktioniert, eben: willkürliche Diskriminierung (von Tieren) aufgrund moralisch unwesentlicher Merkmale (Artzugehörigkeit).

Freilich scheint es andererseits eine allgemeine menschliche Eigenschaft zu sein, daß neue Solidaritäten (hier: Schwarze und Weiße) nur unter Beibehaltung oder Wiederbelebung alter oder anderer Diskriminierungen (hier: von Tieren gegenüber Menschen) „verkraftet" werden können: „Wir Schwarzen und Weißen sind doch alle *Menschen* und *keine Tiere!*"

Terror gegen Tiere

Der Terror gegen Tiere ist so allumfassend und allgegenwärtig, daß es unmöglich ist, ihm zu entgehen. Jüngstes Beispiel aus meinem Leben: Ich fahre mit dem Boot auf einen See hinaus, um mich von der beschwerlichen Beschreibung und Bekämpfung dieses Terrors gegen Tiere zu erholen. Auf wen treffe ich? Auf einen Angler, der auf ein Opfer wartet.

An einer anderen Stelle genieße ich dann die fast vollkommene Stille – bis ich durch das Schreien eines Rindes daran erinnert werde, daß die scheinbar friedliche Uferlandschaft mit „kleinbäuerlichen Betrieben" übersät ist; mit rechtlosen Insassen, die nach einem qualvollen Leben ein grausames Sterben erwartet. (Ich sage absichtlich „Schreien" und nicht „Blöken", weil gefangene Menschen auch nicht blöken.)

Wieder an Land, sitze ich in einer ruhigen Moorlandschaft. Binnen Minuten werde ich Zeuge eines weiteren Tiermißbrauchs. Ein Mädchen richtet seinen Hund ab: „Sitz! Bleib hier!" Dann marschiert es, ohne sich umzudrehen, weg. Dem Tier ist die Unsicherheit und Seelenqual ins Gesicht geschrieben. Bald folgt der Hund seiner vermeintlichen menschlichen Freundin – um brüsk beschimpft und bestraft zu werden, weil er seine Anhänglichkeit und Liebe noch immer nicht unterdrücken kann.

Leitkultur Steinzeit?

Die eleganteste Methode, Menschen zu moralischem Handeln zu bewegen, ist wohl, sie dort abzuholen, wo sie sich moralisch bereits befinden, also ihre *vorhandenen* oder *behaupteten* moralischen Überzeugungen ernstzunehmen. Wenn man dann zeigen kann, daß ihre moralischen Positionen zwingende Konsequenzen haben, die sie bis jetzt nicht gesehen haben, dann kann dies zumindest mittelfristig eine recht wirksame Strategie sein. Denn wer will sich schon - gerade in moralischen Fragen - einen Widerspruch zwischen Reden und Handeln vorwerfen lassen! Dazu zwei Beispiele:

„Du würdest doch auch deinen Hund oder deine Katze nicht umbringen und aufessen, oder? Warum dann aber Hasen und Schweine! Wo ist der Unterschied?"

„Angenommen, uns überlegene Außerirdische kämen auf die Welt und behandelten uns so, wie wir Tiere behandeln: Fändest du das moralisch in Ordnung? Wenn nicht: Warum soll es dann moralisch in Ordnung sein, daß wir Tiere so behandeln?"

Meist sind wir allerdings mit folgender Situation konfrontiert: Wir treffen bei den Menschen auf moralische Positionen, die sich bei näherer Betrachtung als sachlich oder argumentativ fehlerhaft, in sich widersprüchlich oder moralisch fragwürdig erweisen. Dazu folgende Beispiele:

„Tiere zu töten ist unvermeidlich"

Oft begegnet man folgendem Generaleinwand gegen „übertriebenen Tierschutz" im allgmeinen und gegen die Forderung nach einer veganen Lebensweise im besonderen: Tieren zu schaden, ja, Tiere zu töten, sei schlicht unausweichlich für den Menschen – wenn er denn überleben wolle. Schon beim Spazierengehen und Atmen töteten wir, ob wir das wollten oder nicht, kleine und kleinste Lebewesen.

Diese Position ist tatsächlich um nichts weniger absurd, als zu sagen: Es gibt so schrecklich viele leidende Menschen auf der Welt, denen ich nicht helfen kann, deshalb helfe ich gleich auch denen nicht, denen ich helfen könnte. Moralisch vorzuwerfen ist jemandem selbstverständlich nicht, was er *nicht* kann, sondern was er *könnte*, aber dennoch nicht tut!

„Unser Umgang mit Tieren ist moralisch unbedenklich, weil er dem Recht des Stärkeren entspricht"

Vorangestellt sei ein Wort Rainer Maria Rilkes: „Wenn der Mensch doch aufhörte, sich auf die Grausamkeit der Natur zu berufen, um seine eigene zu entschuldigen!" Unser Umgang mit Tieren im allgemeinen und unser Essen von Tieren im besonderen wird oft mit dem Hinweis gerechtfertigt: Fressen und Gefressenwerden – so funktioniere die Natur nun einmal. Und da auch der Mensch Teil dieser Natur sei, esse er eben die schwächeren bzw. ihm unterlegenen Tiere und nütze sie auch sonst für seine Zwecke.

Bei näherer Betrachtung erweist sich diese Position freilich als alles andere als überzeugend: Da gibt es zunächst einmal einen bemerkenswerten Widerspruch: Ausgerechnet diejenigen, die ansonsten immer die *Unähnlichkeit* von Menschen und Tieren betonen (Mensch als „Krone der Schöpfung", „Gottesebenbildlichkeit" und „Vernunftbegabtheit" des Menschen usw.), beziehen sich hier auf einmal auf eine angebliche *Ähnlichkeit* von Menschen und Tieren: Wir, Menschen und Tiere, seien alle Teil der Natur und da herrschten nun einmal solche „Naturgesetze".

Aber gerade in bezug auf das Fleischessen gibt es eben *keine* Ähnlichkeit zwischen Menschen und Tieren: (Fleischfressende) Tiere müssen Fleisch fressen, wir nicht. Wir haben eine Wahlmöglichkeit, (diese) Tiere nicht. Hinzu kommt noch eine spezielle Absurdität: Dieses Fressen-und-gefressen-werden-Argument wird häufig auch in bezug auf Tiere (z. B. Kühe) verwendet, die selbst gar keine anderen Tiere fressen!

Die entscheidende Schwäche des Verweises auf das „Recht des Stärkeren" ergibt sich aber aus folgendem: Selbst wenn wir das „Recht des Stärkeren" als quasi natürliches Prinzip akzeptieren, folgt daraus weder, daß wir psychologisch gezwungen sind, ihm zu gehorchen, noch, daß dieses Prinzip für uns moralisch bindend ist.

Denn würde aus der „Natürlichkeit" des „Rechts des Stärkeren" eine psychologische Notwendigkeit, ihm zu gehorchen, folgen, wäre es auch sinnlos, sich für den Frieden zu engagieren – weil Kriegführen zweifellos auch „natürlich" ist und damit ebenfalls psychologisch unausweichlich wäre. Und würde aus der „Natürlichkeit" des „Rechts des Stärkeren" seine moralische Richtigkeit folgen, dann dürften wir auch Armut, Krankheit, Behinderungen und Katastrophen nicht bekämpfen, wenn sie eine „natürliche" Ursache haben.

„Fleischessen ist moralisch unbedenklich, weil der Mensch schon immer Fleisch gegessen hat"

Nicht selten hört man Menschen vollkommen entgeistert sagen: Seit urdenklichen Zeiten, ja seit der Steinzeit, ißt der Mensch Fleisch. Warum um alles in der Welt soll das heute auf einmal moralisch falsch sein?

Nun erhebt sich zunächst einmal die Frage, ob es wirklich sinnvoll ist, sich ausgerechnet in moralischen Fragen auf die Steinzeit zu berufen. Vor allem aber: Nur weil etwas alt ist, ist es noch lange nicht erhaltungswürdig. Die Sklaverei hatte auch eine lange Tradition! Etwas Schlechtes wird nicht dadurch besser, daß es lange dauert. Kultur besteht – siehe Sklaverei, Rassismus, Sexismus, Menschenopfer, Gladiatorenkämpfe usw. – nicht darin, unkritisch am Alten festzuhalten, sondern Kultur besteht im Gegenteil darin, immer kritisch zu prüfen, ob das Überlieferte nicht längst überholt ist.

Einmal Steinzeit, immer Steinzeit?

Einst waren wir hilflos Hitze, Kälte und Nässe ausgeliefert und froh, in einer Höhle Unterschlupf zu finden. Heute haben wir hochfunktionelle Kleidung und gut isolierte Häuser.

Einst bewegten wir uns mühselig und gefährlich von einem Ort zum anderen. Heute verfügen wir über bequeme, sichere und schnelle Verkehrsmittel.

Einst starben wir früh an nicht oder schlecht behandelten Verletzungen oder Krankheiten. Heute haben wir moderne Krankenhäuser, in denen die meisten dieser Verletzungen und Krankheiten problemlos versorgt oder geheilt werden können.

Einst regelten wir Konflikte mit roher Gewalt, indem wir einander einfach umbrachten. Heute haben wir ein ausgefeiltes Rechtssystem, das sich um unparteiische, gerechte Lösungen bemüht.

Einst mußten wir alle Energie darauf verwenden, irgendwie zu überleben. Heute betreiben wir Wissenschaft und erfreuen uns an kulturellen Tätigkeiten und

Werken, die unserem Dasein eine völlig neue Dimension verleihen.

Einst ernährten wir uns von blutigen Leichen barbarisch hingeschlachteter Tiere. Heute - tun wir das immer noch!

Unsere Ernährung ist der einzige Bereich, bei dem sich seit Jahrtausenden nichts geändert hat. Jedesmal, wenn wir uns zum Essen setzen, verwandeln wir uns in Steinzeitmenschen.

Wilde im Wohnzimmer

Immer wieder hört man von „Naturvölkern", die um den Erhalt ihrer „traditionellen" Jagdmöglichkeiten und -methoden kämpfen. Was zunächst nur als ärgerlicher Anachronismus erscheint, enthält in Wirklichkeit ein ernstes Problem: Über viele Jahrtausende war die Nutzung von Tieren für den Menschen *tatsächlich* „natürlich" und notwendig - weil der Mensch noch Teil der Natur war, ihrem grausamen Gesetz des Fressens und Gefressenwerdens unterworfen.

Inzwischen hat sich das freilich gründlich geändert: Längst steht der Mensch der Natur *gegenüber*, lebt „unnatürlich" in Siedlungen und Städten und hat sich seine eigenen Gesetze geschaffen. Aber, und das ist der springende Punkt: Im kollektiven Bewußtsein spielt die einstige Konstellation - Stichwort: „Recht des Stärkeren" - noch immer eine wichtige Rolle. Dies ist freilich nicht zuletzt darauf zurückzuführen, daß der Hinweis auf den „natürlichen Lauf der Welt" eine willkommene Entschuldigung für Barbareien aller Art liefert.

Dennoch: Dieser Punkt muß ernstgenommen und thematisiert werden, um den mehr oder weniger bewußten Ausflüchten, mit denen unser skandalöser Umgang mit Tieren gerechtfertigt wird, den Boden zu entziehen. Die zwei wesentlichen „Eckdaten" der historischen Entwicklung, um die es hier geht, stehen jedenfalls fest: Es gab eine Zeit, in der wir auf die Nutzung von Tieren angewiesen waren. Und heute ist dies nicht mehr der Fall.

Nun könnte natürlich eingewendet werden, daß gerade die Kultivierung und Zivilisierung des Menschen, das Leben in Städten usw. eine Fehlentwicklung sei, die rückgängig gemacht werden sollte. Wer wirklich dieser Meinung ist, soll „zurück in den Wald" gehen und dort seine Nahrung eigenhändig erlegen. Danach könnnen wir über die moralische Wertigkeit seines Tuns weiterreden.

Eines geht aber gewiß nicht: Sich in der warmen Stube sitzend, auf das unerbittliche „Gesetz des Fressens und Gefressenwerdens" zu berufen, während in der High-Tech-Küche ein Gerätepark bereitsteht, um Leichenteile aus aller Welt monatelang frisch zu halten und auf Knopfdruck zuzubereiten.

Sind Fleischesser Mörder?

Wer die Bezeichnung Mörder für Fleischesser als etwas Außergewöhnliches oder Ungeheuerliches ansieht oder kritisiert, beweist damit nur seine eigene Naivität und Dummheit. Natürlich bedeutet Fleischessen Mord: vorsätzliches Töten aus niedrigem Beweggrund. Der niedrige Beweggrund ergibt sich zwangsläufig aus der exorbitanten Unverhältnismäßigkeit zwischen dem angestrebten Gaumenkitzel und dem, was wir bereit sind, Tieren dafür anzutun. Deshalb haben Ovid, Plutarch, Leonardo da Vinci, Leo Tolstoi und viele andere Fleischesser schon vor langer, langer Zeit als Mörder bezeichnet!

Ich bin mit der Verwendung des Ausdrucks Mörder allerdings etwas sparsamer und vorsichtiger geworden. Schließlich will ich die Menschen ja nicht angreifen und ärgern, sondern aufklären und ändern. Und: So gut wie jeder, der heute Veganer ist, war früher selbst einmal ein Fleischesser.

Wenn allerdings jemand glaubt, von sich aus den Ausdruck Mörder in diesem Zusammenhang als sprachliche Manipulation oder als sprachlichen Terrorismus brandmarken zu müssen, dann muß dies mit aller Entschiedenheit und in aller Schärfe zurückgewiesen und der Vorwurf *zurückgegeben* werden. Wir haben es hier nämlich mit einem grundlegenden und generellen Phänomen zu tun, dessen Bedeutung und Tragweite überhaupt nicht überschätzt werden können. Ich nenne einige Beispiele:

- Die sachlich durch nichts zu rechtfertigenden Verharmlosungen in der Jägersprache (zum Beispiel „Schweiß" für Blut).
- Die sachlich durch nichts zu rechtfertigenden Verharmlosungen in der Sprache der Tierexperimentatoren (zum Beispiel „Tiermodelle" – wie „Automodelle").
- Die sachlich durch nichts zu rechtfertigende allgemeine Abwertung von Tieren dadurch, daß wir für Essen, Trinken, Schwangersein, Gebären, Sterben und den Leichnam bei Tieren ganz eigene Worte haben. Schopenhauer spricht in diesem Zusammenhang zu Recht und treffend von der *Diversität der Worte*, die die *Identität in der Sache* verstecken soll.

All dies läuft auf exakt jenen Mechanismus hinaus, der auch allen Massakern und Kriegen unter Menschen zugrundeliegt: auf die Betäubung des Gewissens durch sprachliche Manipulation. Der physischen Vernichtung geht immer die sprachliche Abwertung voraus. *Daran* sollten die Kritiker der Bezeichnung Mörder für Fleischesser denken. Der gefährlichen sprachlichen Manipulation machen sich in Wirklichkeit jene schuldig, die Fleischesser *nicht* als Mörder bezeichnen!

Der Lack ist ab

Man muß sich das wirklich einmal anschaulich vorstellen und vergegenwärtigen: Da sitzen Menschen im Restaurant, reden, scherzen, lachen, um dann kurz ihre Unterhaltung zu unterbrechen und einen Fisch zu bestellen - wissend, daß nur wenige Augenblicke später allein für sie ein Tier getötet werden wird! Und dann stochern sie mit Messer und Gabel in einem toten Körper, der noch vor ein paar Minuten gelebt hat, herum, zerlegen ihn - und lachen und unterhalten sich weiter.

Wohlgemerkt: Hier handelt es sich um keine Angehörigen „indigener Völker", die gerade in der Wildnis unter Lebensgefahr ihre tägliche Überlebensration erjagt haben. Hier handelt es sich um "zivilisierte" Menschen, die modisch gekleidet am schön gedeckten Tisch sitzen und Handy und Autoschlüssel allzeit griffbereit haben. Sie hätten auch etwas anderes bestellen können. Niemand hat sie gezwungen, Leichen zu ordern und damit einen Mordauftrag zu erteilen. Aber es war ihnen halt gerade danach.

Es heißt oft: Der Zivilisationslack ist sehr dünn. An manchen Stellen ist er nicht dünn, sondern gar nicht vorhanden. Und das sind vor allem jene Bereiche, in denen es um unseren Umgang mit Tieren geht. Hier kann man die wahre, ungeschminkte Beschaffenheit der menschlichen Seele studieren - die sich, wenn sich die Gelegenheit dazu bietet, etwa im Krieg, auch gegenüber Menschen manifestiert.

Vegan

Es gibt Dinge, die so einleuchtend sind, daß es schwer verständlich ist, daß sie *nicht* begriffen werden. Daß etwa der eigentliche Sinn und das große Verdienst der Europäischen Union der *Frieden* in Europa (und anderswo) ist, geht in den Dauerdiskussionen um diverse Details in beschämender und erschreckender Weise unter. Wo über Jahrhunderte gekämpft und gestorben wurde, wird heute geredet und gehandelt – ein geradezu unfaßbarer Fortschritt!

Eine andere, nicht minder bedenkliche und erstaunliche Erkenntnisschwäche bezieht sich auf das Thema Veganismus. Nur wenige begreifen, worum es vorrangig geht: Eine vegane Ernährung ist deshalb eine unverzichtbare moralische Forderung, weil Tiere essen einen ununterbrochenen *Krieg* gegen Tiere bedeutet. Wer Fleisch oder andere tierliche Produkte ißt, nimmt Teil an einem tagtäglichen grauenhaften, ungerechten und überflüssigen Krieg gegen Unschuldige und Wehrlose.

Sind Tierversuche ethisch zu rechtfertigen?

Sind Tierversuche ethisch zu rechtfertigen? Diese Frage ist, so allgemein formuliert, kaum zu beantworten. Die sinnvolle, weil konkrete Frage lautet vielmehr: Wären diese Versuche auch *dann* zu rechtfertigen, wenn sie nicht an Tieren, sondern an *Menschen* durchgeführt würden? Wer nämlich behauptet, daß diese Versuche bei Tieren zulässig, bei Menschen aber unzulässig sind, der muß eine ganz konkrete Frage ganz konkret beantworten: Was ist der entscheidende, *moralisch* relevante Unterschied zwischen Menschen und Tieren, der diese höchst unterschiedliche Bewertung und Behandlung von Menschen und Tieren rechtfertigen soll?

- Ist es die unterschiedliche Behaarung oder Zahl der Beine? Wohl keine besonders überzeugende Begründung dafür, unschuldige Lebewesen zu quälen und umzubringen. Und wie steht es mit anderen Merkmalen?

- Ist es die höhere Intelligenz des Menschen, die Tierversuche rechtfertigen soll? Aber warum soll man jemanden quälen dürfen, weil er weniger intelligent ist? Man stelle sich einen Mörder vor, der sich bei Gericht damit verteidigt, daß er bei der Auswahl seiner Opfer stets darauf geachtet habe, daß sie weniger intelligent sind als er!

- Ist es die unsterbliche Seele des Menschen, die den Ausschlag geben soll? Aber, wie Tom Regan richtig bemerkt: *Wielange* ein Wesen lebt, ist doch für die Frage, wie wir es behandeln, *während* es lebt, völlig bedeutungslos! So wäre es doch wohl zum Beispiel unsinnig, anläßlich eines Autounfalls, bei dem ein Hund verletzt wurde, zu sagen: „Dem Hund brauchen wir nicht zu helfen, denn der wird ohnehin nicht ewig leben." Und *wenn* wir Menschen im Gegensatz zu Tieren tatsächlich eine unsterbliche Seele haben, dann haben wir auch Aussicht auf eine ausgleichende Gerechtigkeit im Jenseits, die Tiere nicht haben. Wenn daher aus unserer angeblichen Unsterblichkeit irgendetwas folgt, dann ist es eher dies: Wir sollten Tiere *besser* behandeln, weil sie nur dieses eine Leben haben, während wir uns Hoffnung auf ein weiteres, ewiges Leben machen können, in dem wir für hier erlittenes Unrecht entschädigt werden.

Es gibt in Wirklichkeit keinen Unterschied zwischen Menschen und Tieren, der Tierversuche rechtfertigen könnte. Denn, wie der englische Philosoph Jeremy Bentham bereits vor über 200 Jahren in bezug auf fühlende Lebewesen erkannte: „Die Frage ist nicht: können sie *denken*? oder: können sie *sprechen*?, sondern: können sie *leiden*?"

Die Leidensfähigkeit der Tiere ist der entscheidende Grund, warum Tierversuche falsch sind!

Deshalb ist auch die faktische Frage, ob Tierversuche für den Menschen nützlich sind, moralisch irrelevant: Tierversuche sind falsch, *unabhängig* davon, ob sie für den Menschen nützlich sind. Die legitime Frage ist nicht: „Wieviel Gesundheit können wir *maximal* erzeugen?", sondern: "Wieviel Gesundheit können wir *auf ethisch zulässige Weise* erzeugen?" Die - echte oder vermeintliche - Nützlichkeit von Tierversuchen ist überhaupt kein ethisches Argument: Es gibt viele Dinge, die nützlich wären, aber dennoch unmoralisch und verboten sind, zum Beispiel Menschenversuche.

Der einzige Grund, warum nicht auch Tierversuche schon längst verpönt und verboten sind, ist denn auch schlicht dieser: Tiere können sich nicht wehren. Sie sind uns hilflos ausgeliefert. Aber das ist natürlich keine moralische Rechtfertigung, sondern lediglich eine zynische Machtausübung. Tierversuche sind und bleiben Verbrechen an Wehrlosen.

Tierversuche - Absolute Unmoral

Man muß sich einmal vergegenwärtigen, welche Ungeheuerlichkeit Tierversuche darstellen: Alle Übel, die wir für uns vermeiden oder lindern wollen - körperliche oder seelische Krankheiten, Unfallfolgen, Schmerzen usw. -, führen wir bei Tieren absichtlich herbei. Häufig im Bewußtsein, daß sie darunter ähnlich leiden, wie wir leiden würden - weil sonst die Versuche sinnlos wären. Wir schicken die Tiere also in jene Höllen, vor denen uns graut. Das ist die Umkehrung von

Moral schlechthin: Wir fügen anderen zu, wovon wir verschont werden wollen.

Jagdterror

Über allem verlogenen Gerede über die angebliche ökologische Notwendigkeit der Jagd (ginge es uns wirklich um die Umwelt, müßten wir ganz woanders ansetzen, z. B. beim Autoverkehr!) sollten wir eines nicht vergessen: Die Jagd bedeutet einen ununterbrochenen, unbeschreiblichen Terror gegenüber Tieren. Nach einem solchen feigen Anschlag auf Unschuldige und Wehrlose herrscht im Wald das blanke Entsetzen und die pure Panik: Kinder suchen verzweifelt ihre Eltern, Eltern suchen verzweifelt ihre Kinder und ein Ende des Massakers ist nicht abzusehen. Haben sich die Jäger erst einmal in ihren Blutrausch hineingesteigert, kennt das Morden keine Grenzen mehr.

Es ist schwierig, für diesen einzigartigen Terror gegen Tiere einen einigermaßen angemessenen Vergleich zu finden. Ich versuche es dennoch: Ein friedlicher Ostersonntag, die Menschen gehen in die Natur hinaus, man unterhält sich, die Kinder spielen und alle freuen sich über das herrliche Wetter. Und urplötzlich springt ein Terrortrupp aus dem Hinterhalt und richtet ein grauenhaftes Blutbad an.

Dieser Vergleich hinkt freilich gewaltig: Für Menschen sind solche Überfälle die extreme Ausnahme, für

Tiere sind sie die schreckliche Regel. Und bei Menschen kommt nach einem solchen Überfall die Rettung, um die Verletzten zu versorgen. Bei Tieren kehren die Mörder zurück, um die Überlebenden zu erschießen.

Tierrechte, Klima und Gerechtigkeit

Was haben wir nicht alles ersonnen, um unser Bedürfnis nach Gerechtigkeit zu stillen: Himmel, Hölle, Karma usw. Vieles spricht nun aber dafür, daß es letztlich die Tiere sein werden, die uns zu Gerechtigkeit verhelfen – wenn auch auf andere Weise, als wir wollten: Seit Jahrtausenden mißachten wir alle ethischen Argumente für einen ordentlichen Umgang mit Tieren. Diese Entwicklung hat nun ihren Höhepunkt erreicht, indem wir selbst die zwingendsten Argumente und Zusammenhänge, die die Tierethik mittlerweile vorgelegt hat, konsequent ignorieren:

Zwischen Tieren und Menschen gibt es – Stichwort: evolutionäre Kontinuität – große Ähnlichkeiten: Das Leben hat sich kontinuierlich entwickelt und die Merkmale der Lebewesen variieren daher kontinuierlich – weshalb auch die üblichen Alles-oder-nichts-Zuschreibungen der Art, nur Menschen hätten diese oder jene Fähigkeiten, in aller Regel völlig unsinnig sind. Und das über jeden Ideologie- oder Irrationalismusverdacht erhabene Gleichheitsprinzip fordert, Gleiches bzw.

Ähnliches auch gleich bzw. ähnlich zu bewerten und zu behandeln.

Wie aber behandeln wir Tiere? So, wie wir Menschen nie und nimmer behandeln würden! Wenn es irgendwelche legitimen Gerechtigkeitsforderungen gibt, dann gehört diese mit Sicherheit dazu: Den Tieren so lange so spektakulär jene Behandlung zu verwehren, die ihnen so offenkundig zusteht, darf nicht folgenlos bleiben. Die drohende Klimakatastrophe könnte diese Folge sein – steht sie doch in direktem Zusammenhang mit unserem Mißbrauch von Tieren: Die Produktion von Fleisch und Milch trägt wesentlich zum Klimawandel bei, die Nutztiere erzeugen mehr Treibhausgase als der gesamte weltweite Verkehr.

So zweifelhaft es ist, daß wir an unserem Umgang mit Tieren etwas ändern werden, so sicher ist es, daß wir kein Recht haben werden, uns über die Folgen unseres Verhaltens zu beklagen: Eine weltweite Klimakatastrophe wäre die gerechte Strafe für jahrtausendelange Verbrechen an Tieren.

Tierrechte und die „Gewaltfrage"

Eine Kernfrage der Tierrechtsbewegung ist die sogenannte „Gewaltfrage". Dies unter anderem deshalb, weil sie die Zuspitzung bzw. Konkretisierung einer anderen wichtigen und fundamentalen Frage ermöglicht: Welche Beziehung besteht zwischen moralischer und juristischer Legitimität? Vor allem: Was machen wir, wenn moralische und juristische Legitimität nicht zusammenfallen?

Der vielleicht wichtigste und vermutlich „dramatischste" Anwendungsfall dieser Frage sind Tierbefreiungen: Wie sollen wir uns in Situationen verhalten, in denen die Befreiung von Tieren moralisch geboten, aber gesetzlich verboten ist?

Naheliegenderweise ist es schwierig, diese Frage auf eine Weise zu behandeln, die hinreichend konkret ist, um praktische Nutzanwendungen zu ermöglichen, gleichzeitig aber hinreichend abstrakt, um unmittelbare juristische Probleme zu vermeiden.

Von Jürgen Habermas stammt folgende interessante und brisante Aussage in bezug auf Menschenrechte, genauer: in bezug auf die Menschenrechtspolitik: Diese sei „angesichts des unterinstitutionalisierten Weltbürgerrechts zum ... Vorgriff auf einen künftigen kosmopolitischen Zustand (genötigt), den sie zugleich befördern will." (Die Zeit, 18, 1999, S. 7)

Mit anderen Worten: Wir sollen schon heute so handeln, als hätte sich das Bewußtsein universell gültiger Menschenrechte bereits allgemein durchgesetzt. Es bedarf eines Vorgriffs auf künftiges Bewußtsein, um eben dieses Bewußtsein zu schaffen. Früher nannte man das die normative Kraft des Faktischen: Fakten setzen, Taten setzen, im Bewußtsein und in der Hoffnung, daß die normative Ebene schon „nachziehen" werde.

Dieses Konzept kann als generelle Strategie für historische Umbruchphasen betrachtet werden. Solche Umbruchphasen sind durch zweierlei gekennzeichnet: gesellschaftliche Gespaltenheit und rechtliche Unsicherheit. Warum? Weil vorhandene gesetzliche Bestimmungen neuen moralischen Vorstellungen und Forderungen hinterherhinken. Ein Beispiel:

Im Jahre 1839 segelte vor der kubanischen Küste das Sklavenschiff „La Amistad", weil die Sklaven an Bord auf Kuba noch etwas „aufgepäppelt" werden sollten, bevor sie in die USA verkauft werden sollten. Da erlaubte sich der Schiffskoch einen üblen Scherz und sagte zu den Sklaven: „Jetzt werden wir euch alle schlachten." Das führte zu einem Aufstand der Sklaven, in dessen Verlauf diese die Besatzung samt Kapitän töteten.

Die beiden Schiffseigner, die auch an Bord waren, wurden von den Sklaven als Geiseln genommen und gezwungen, das Schiff nach Afrika zu führen. Aber diese nahmen anstattdessen Kurs auf einen US-Hafen, wo die Sklaven des Mordes angeklagt wurden. Den Rädelsführern drohte die Todesstrafe.

Aber Gegner der Sklaverei, unter anderem der Ex-Präsident John Quincy Adams, erreichten, dass die Sklaven, die sich gewaltsam ihrer Peiniger entledigt hatten, nicht verurteilt, sondern freigesprochen wurden. Vor diesem Hintergrund könnte auch gesehen werden, was heute unter der Überschrift „gewaltsame Tierbefreiungen" läuft.

Zurück zu den notwendigen Vorgriffen auf künftige Zustände und Gesetze. Ein wichtiger Aspekt ist hier zweifellos der quantitative: die Zahl der Menschen, die sich an solchen Vorgriffen beteiligen. Dieser Punkt ist in zweifacher Hinsicht bedeutsam: für den Erfolg der Aktionen und zur Erhellung politischer Veränderungsprozesse. Zwei Beispiele:

Wenn zwei oder drei Personen Tiere aus einem Versuchslabor befreien, werden sie verhaftet. Wenn sich aber die ganze Stadt an der Aktion beteiligt, wird das Labor geschlossen.

Solange einzelne Menschen versuchten, die Zonengrenze der DDR zu überwinden, wurden sie erschossen. Als sich viele Menschen in Richtung Grenze bewegten, hörte diese auf zu existieren.

„Solange es so viele leidende Menschen gibt ..."

Solange es so viele leidende Menschen gibt, ist es unverantwortlich, Zeit und Energie für Tiere zu investieren – die Menschen kommen zuerst! So lautet eine häufige Kritik an Tierrechtlern und Tierschützern. Nun, diejenigen, die so reden, zeigen tatsächlich zunächst einmal eines: daß *sie nicht* zu jenen gehören, denen die Menschen wirklich am Herzen liegen. Denn wer sich wirklich um Menschen kümmert, dem sind auch die Tiere ein Anliegen, und wer sich wirklich um Tiere kümmert, dem sind auch die Menschen ein Anliegen.

Einen anschaulichen Beleg hierfür liefert ein einfacher Test: Man frage jene, die das Menschen-zuerst-Argument propagieren, welches Engagement für Menschen ihnen denn keine Zeit mehr für Tiere lasse. Verlegene Ausflüchte werden die Folge sein! Tatsache ist nämlich: Wer helfen will, hilft, ohne lange zu fragen, wem er zuerst helfen sollte, und wer nicht helfen will, der hilft eben nicht – und beruft sich dabei auf dubiose Prioritäten. „Die Menschen kommen zuerst!" ist in aller Regel ein Vorwand dafür, um weder für Tiere noch für Menschen etwas zu tun.

Andererseits ist in der konkreten Praxis im gesamten Bereich gemeinnütziger Tätigkeiten Aufgabenteilung sinnvoll und notwendig. Und deshalb ist auch absolut nichts dagegen einzuwenden, daß sich manche Menschen auf das Wohl von Tieren konzentrieren. Einer Museumsgesellschaft wird ja auch nicht, wie Gotthard M. Teutsch treffend feststellt, vorgeworfen, sich nur um alte Kunst und nicht auch um alte Menschen zu kümmern!

Erfreulicherweise gibt es aber im Alltag genügend Gelegenheit, unabhängig von seiner „Hauptzielgruppe" für Menschen *und* Tiere etwas zu tun. So wird etwa niemand durch sein Engagement für Menschen daran gehindert, keine Tiere zu essen, also vegan zu leben!

Und wozu führen ethische Überlegungen in bezug auf die Frage, wem wir „zuerst" helfen sollten? Zunächst einmal zur Erkenntnis: Absolute Prioritätensetzungen sind unsinnig. So würde etwa aus der Verabsolutierung der Regel „Überleben ist wichtiger als Gleichberechtigung" folgen, daß wir uns um die Gleichberechtigung von Frauen erst kümmern dürften, wenn es keine vom Tode bedrohten Menschen mehr gibt. Und aus der Regel „Überleben ist wichtiger als Wohnen" folgte, daß wir uns um Obdachlose erst kümmern dürften, wenn keine Menschen mehr zu verhungern drohen.

Selbst plausible Prioritätensetzungen verlieren also durch Verabsolutierung ihre Sinnhaftigkeit. Und Prioritätensetzungen, die von vornherein fragwürdig sind, werden durch Verabsolutierung noch unsinniger. „Die Menschen kommen zuerst!" ist eine solche von vornherein unsinnige Forderung! Warum? Weil sie eine unbestreitbare Tatsache verleugnet: Es gibt Mißstände, die schwerstes tierliches Leiden involvieren, und Mißstände, die nur vergleichsweise harmloses menschliches Leiden involvieren.

Schwerstes Leiden *weniger* ernstzunehmen als vergleichsweise harmloses Leiden, ist offenkundig irrational und ungerecht. Exakt dies fordern aber die Menschen-zuerst-Befürworter: Die Menschen sollen *immer* Vorrang vor Tieren haben – egal, wie schrecklich die Qualen von Tieren und wie harmlos das Unbehagen von Menschen auch immer sein mögen! Mehr noch: Gemäß der Menschen-zuerst-Position brauchen wir uns die Lebensbedingungen von Tieren nicht einmal *anzusehen*, solange es noch irgendwelche Widrigkeiten für Menschen gibt. Denn: Die Menschen kommen sowieso zuerst!

Damit wird quasi die Irrationalitätsschraube noch einmal angezogen – und gleichzeitig jegliche Möglichkeit, die Fehlerhaftigkeit unseres Vorurteils zu erkennen, ausgeschaltet: Fakten, die man ignoriert, können einen nicht verunsichern.

So bedauerlich das Übermaß an Leiden auf Erden ist und so verwirrend die Antworten auf die Frage, wie wir ihm begegnen sollten, zuweilen auch sein mögen – eines ist immerhin sicher: Die Menschen-zuerst-Forderung führt heillos in die Irre, weil sie Fakten verleugnet und Irrationalität und Ungerechtigkeit zur Regel macht: Selbst größtes tierliches Leiden zählt nichts im Vergleich zu kleinstem menschlichen Leiden; selbst lebenslanges tierliches Martyrium zählt nichts im Vergleich zu kurzem menschlichem Unbehagen. „Die Menschen kommen zuerst!" ist eine intellektuelle und moralische Bankrotterklärung.

„Mir sind die Tiere lieber als die Menschen!"

Bei vielen Berufen gibt es Dinge, die man auf keinen Fall sagen darf, Aussagen, mit denen man sich quasi das eigene Grab schaufelt. Etwa, wenn ein Poltiker sagt, daß er seine Wähler für Idioten hält oder ein Arzt bekennt, daß ihm die Gesundheit seiner Patienten egal ist. Beim „Beruf" Tierrechtler besteht diese „Todsünde" im Bekenntnis: Mir sind die Tiere lieber als die Menschen! Im folgenden möchte ich zeigen, daß diese Aussage durchaus sachlich berechtigt sein kann – ganz abgesehen davon, daß jeder, sollte man meinen, sympathisch finden darf, wen er will.

Die übliche allgemeine und automatische Empörung über die Aussage, daß einem Tiere lieber als Menschen seien, ist sachlich schon deshalb unsinnig, weil es ja durchaus so sein könnte, daß der „Bekanntenkreis" des Betreffenden eben aus „besonders sympathischen Tieren" und „besonders unsympathischen Menschen" besteht – kein Mensch kennt schließlich alle Tiere und alle Menschen. Freilich hat die hysterische allgemeine Empörung über jemandes Aussage, ihm seien die Tiere lieber als die Menschen, schon ihre Berechtigung. Es wird nämlich als ganz selbstverständlich unterstellt, daß *jeder Mensch* moralisch wertvoller sei als *jedes Tier,* daß auch der „schlechteste Mensch" noch viel wertvoller sei als das „beste Tier".

Nun sollte es bei so starken Behauptungen schon erlaubt sein, nach Gründen zu fragen. Wer dies allerdings hier tut, wird feststellen, daß man Begründungen in dieser Frage nicht nur für unnötig hält, sondern schon das bloße Fragen nach Gründen als quasi unsittlich betrachtet. Mehr noch: Nach Gründen für die menschliche Höherwertigkeit zu fragen, wird geradezu als gefährlicher Angriff auf die Gesellschaft angesehen – oder als Zeichen völliger geistiger Verwirrtheit.

Läßt man sich gnadenhalber und widerwillig dann doch zu Begründungen herbei, bestehen diese meist aus Verweisen auf dubiose Glaubenssätze wie etwa die von der Gottesebenbildlichkeit oder unsterblichen Seele des Menschen. Daß *solche* Begründungen außerhalb kirchlicher Räume in pluralistischen, säkularen Gesellschaften kein Gewicht haben, sollte nicht weiter erläutert werden müssen.

Betrachten wir schließlich mögliche faktische Gründe für die allgemeine moralische Höherwertigkeit des Menschen, kommen wir rasch zum Ergebnis: Es gibt keine. Denn kein Merkmal, das von irgendjemandem als moralisch relevant angesehen wird – etwa Bewußtsein, Selbstbewußtsein, Rationalität oder Autonomie –, verläuft entlang der Speziesgrenze Menschen – Tiere. Mehr noch: Bei vielen Menschen sind diese Merkmale *schwächer* ausgeprägt als bei vielen Tieren, viele geistig behinderte oder senile Menschen und alle kleinen Kinder befinden sich auf einem deutlich niedrigeren Niveau als viele Tiere.

Auch eingefleischte Menschen-Fans werden einräumen, daß es auch viele üble Vertreter ihrer Spezies gibt. Ganz abgesehen von Hitler, Stalin & Co kennt jeder aus eigener Erfahrung Zeitgenossen, die er weniger mag – und bei denen es dafür gute Gründe gibt. Müssen uns wirklich alle Egoisten, Lügner, Verräter und Verbrecher lieber sein als jedes Tier?

Apartheid perfektioniert und globalisiert

Erster Frühlingstag, Sonne, Wärme, Friede, Lebensfreude. Aber nur für Menschen! Die Tiere sind eingesperrt und weggesperrt; warten - auf den Tod. Für sie stellt sich nur die Frage, ob sie vor dem Tod auch noch gefoltert werden - in Versuchslabors oder Tierfabriken.

Wir leben heute im größten Apartheidssystem aller Zeiten unter intensivster Nutzung aller technischen und wissenschaftlichen Möglichkeiten: Alles für das Wohl der Menschen und alles zur Ausbeutung der Tiere.

Tierrechte - Nur nicht fanatisch!

Man nehme die schaurigsten Phantasien des perversesten Sadisten und verwende sie als Vorlage für eine industrialisierte Folterkammer. Nach dem Vorbild dieser Musterwerkstätte des Grauens errichte man auf der ganzen Welt Zweigstellen dieses Schreckensbetriebes. Und nun lese man diese Zeilen nicht als surreales Rezept, sondern als realen Bericht: die Opfer sind die Tiere in Tierfabriken, Versuchslabors, Schlachthäusern und anderen Schreckensorten auf Erden.

Die Vorstellung, daß es irgendwo auf der Welt noch Frieden gäbe, ist eine Wahn- und Wunschvorstellung. Wir haben die ganze Erde in eine Hölle verwandelt, in eine Hölle für Tiere. Und da gibt es buchstäblich keine Idee, die jeden Teufel vor Neid erbleichen ließe, die wir nicht längst realisiert hätten: Kinder werden vor den Augen ihrer Eltern abgeschlachtet, Vegetarier werden gezwungen, ihre Verwandten aufzuessen, Katzen werden die Augen zugenäht, Affen wird der Kopf abgesägt und Hunde werden bei lebendigem Leib verbrannt.

Und bei all diesem Irrsinn gibt es tatsächlich noch Menschen, meist Philosophen und Juristen, die sich darüber den Kopf zerbrechen, wie man auf diese Verbrechen „angemessen", „vernünftig" oder „verhältnismäßig" reagieren könnte, ohne dabei „fanatisch" zu werden.

Tierrechte: Winzige Wiedergutmachung

Es ist ein herrlicher Spätsommertag. Ich bin schwimmen und genieße das kühle Wasser, die warme Luft, die strahlende Sonne. Ich schaue in die Berge. Die grünen Wälder. Der blaue Himmel. Eine traumhaft schöne Welt.

Aber nur für uns Menschen! Wir haben die ganze Erde für uns zurechtgemacht, für uns "erschlossen", für uns reserviert. Städte und Dörfer, Berge und Seen, Wüsten und Meere, Wälder und Wiesen – wir haben nichts ausgelassen. Uns gehört alles, den Tieren gehört nichts. Diese vollkommene Unterwerfung der Welt, dieser globale Überfall war ein Akt nicht überbietbarer und nicht wiederholbarer Barbarei. Mehr als alles kann man sich nicht nehmen, und alles kann man sich nur einmal nehmen.

Und mit welchem Recht haben wir den Tieren die ganze Welt weggenommen? Mit überhaupt keinem! Wir haben einfach alles an uns gerissen, weil wir alles an uns reißen konnten. Blanker Terror. Hemmungslose Gier. Grenzenloser Egoismus. Wir haben die ganze Erde zu unserem Eigentum und alle Tiere zu unseren Sklaven erklärt.

Wenn wir nun spät, halbherzig und in lächerlichem Umfang einigen Tieren einige Rechte zugestehen, so ist dies kein Anlaß, uns auf die Schulter zu klopfen. Wir schenken den Tieren nichts, wir geben ihnen lediglich einen winzigen Teil von dem zurück, was wir ihnen vorher weggenommen haben. Wir handeln wie jemand, der einen riesigen Lebensmittelmarkt ausgeraubt hat und dann dem Eigentümer großzügigerweise aus der Beute eine Tafel Schokolade „schenkt".

Ethische Weltformel als moralischer Kompaß

„Was du nicht willst, daß man dir tu', das füg' auch keinem andern zu." Oder: „Behandle andere so, wie du auch von ihnen behandelt sein willst." Allen gegenteiligen Behauptungen zum Trotz funktioniert die Goldene Regel in der Praxis ganz vorzüglich. Ihre Ablehnung beruht meist auf intellektueller Hochnäsigkeit („primitives Prinzip") oder moralischer Bequemlichkeit: um unangenehmen Konsequenzen für das eigene Handeln aus dem Wege zu gehen.

Tatsache aber ist: Wenn sich alle Menschen an diese Regel hielten, wären augenblicklich 99 Prozent aller Übel, die sich durch moralisches Handeln beseitigen lassen, beseitigt! Und *weil* die Goldene Regel wie die *physikalische Weltformel* einen so großen Bereich abdeckt und auf den Punkt bringt, nenne ich sie auch *ethische Weltformel*.

Ein beliebter Einwand gegen diese ethische Weltformel lautet, daß sie nicht berücksichtige, daß unterschiedliche Menschen unterschiedliche Interessen haben. Dies führe dazu, daß die Befolgung der Goldenen Regel absurde Konsequenzen zeitige:

- Wörtlich genommen, fordere die Regel einen Masochisten auf, ein Sadist zu werden: jemandem, der gerne von anderen gequält werden möchte, werde befohlen, andere zu quälen.
- Wer zu stolz sei, sich helfen zu lassen, dürfte anderen nicht helfen.
- Der Abstinenzler könnte voller Freude allgemein vorschreiben, daß niemand Wein   oder Bier trinken sollte.

117

Zum Einwand, daß die Goldene Regel oder ethische Weltformel nicht berücksichtige, daß die Menschen unterschiedliche Interessen und Wünsche haben, ist folgendes zu sagen: Erstens unterscheiden sich die Menschen im Hinblick auf die grundlegenden Interessen und Wünsche kaum von einander: Wer will schon belogen, betrogen, beleidigt oder gequält werden! Der Masochist ist zweifellos eine Ausnahme.

Zweitens und vor allem aber: Wo sich die Menschen in ihren Interessen und Wünschen unterscheiden, da berücksichtigen wir dies bei der Anwendung dieser Regel ohnehin automatisch, da alles andere ihrem Geist aufs gröbste widerspräche!

Vor die Frage gestellt, ob ich einem Behinderten beim Überqueren der Straße behilflich sein sollte, ist mein Gedankengang doch nicht: Da ich selbst nicht behindert bin und so weiter, sondern: Wenn ich jetzt an seiner Stelle wäre, würde ich mir wünschen, daß mir geholfen wird! Oder: Wenn ich jemandem mit einer Einladung zum Essen eine Freude bereiten möchte, serviere ich natürlich nicht *meine*, sondern *seine* Lieblingsspeise!

Kurz: Bei der Anwendung der Goldenen Regel geht es *selbstverständlich* nicht darum, dem anderen die *eigenen* Wünsche aufzuzwingen, sondern darum, die Wünsche des *anderen* zu berücksichtigen. Sinnvoll und akzeptabel ist deshalb selbstverständlich ausschließlich jenes Verständnis dieser Regel, bei dem man seinen Mitmenschen nicht *seine* eigenen, sondern *ihre* eigenen Wünsche, Interessen und Bedürfnisse unterstellt. Die Frage darf also *nicht* lauten: Wie würde ich, mit all *meinen* Eigenschaften, an seiner Stelle behandelt werden wollen? Sondern: Wie würde ich, mit all *seinen* Eigenschaften, an seiner Stelle behandelt werden wollen?

Die sinnvolle Formulierung der Goldenen Regel oder ethischen Weltformel lautet also: Behandle andere so, wie du selbst an ihrer Stelle wünschtest behandelt zu werden. Und diese Regel ist für alle, *die moralisch handeln wollen*, ein ganz hervorragendes und in seiner Wirksamkeit kaum zu überbietendes Mittel, um diese Welt zu einem schöneren, besseren und glücklicheren Ort zu machen!

Der Einwand, dieses Prinzip sei gegenüber Tieren nicht anwendbar, weil wir nicht wüßten, wie Tiere behandelt werden möchten, ist angesichts unseres Wissens um tierliche Interessen und Bedürfnisse faktisch absurd und moralisch verlogen. Wenn wir wollen, wissen wir nämlich sehr genau, wie Tiere behandelt werden möchten. Und vor allem, wie sie *nicht* behandelt werden möchten: Daß das Leben, das wir vielen Tieren zumuten, nicht das Leben ist, das sie leben wollen – und das wir an ihrer Stelle leben wollten! –, weiß jeder, der nicht vollkommen verrückt ist.

Das wirkliche Problem bei der Anwendung der Goldenen Regel auf Tiere, genauer: beim Sich-hinein-Versetzen in die Lage der Tiere, ist, daß uns dies so *leicht* gelingt – und daß das Ergebnis oft so schauerlich ist: Wer sich auch nur oberflächlich über das, was auf Tiertransporten, in Tierfabriken, in Schlachthäusern usw. passiert, kundig macht und sich dann seinen Hund oder seine Katze in diesen Situationen vorstellt (quasi als Brücke zum Sich-hinein-Versetzen in andere Tiere), der droht vor Mitleid und Entsetzen verrückt zu werden.

Diese exakte sachliche und emotionale Veranschaulichung, die die Goldene Regel bewerkstelligt, diese Verdichtung moralischer Situationen, dieses Auf-den-Punkt-Bringen moralischer Wertigkeit und moralischer Verantwortung sind wohl auch der häufigste Grund für die Ablehnung dieses Prinzips: Wer sich auf die Goldene Regel, diese ethische Weltformel, einläßt, gerät in moralischen Zugzwang.

Tierrechte und Ethische Weltformel

Die Goldene Regel – „Was du nicht willst, daß man dir tu', das füg' auch keinem andern zu" – sagt uns nicht nur, wie wir unsere Mitmenschen behandeln sollen, sondern auch, wie wir Tiere behandeln sollen. So schreibt etwa Edgar Kupfer-Koberwitz: „Warum soll ich, der ich glücklich bin, wenn niemand mir ein Leid zufügt, anderen Geschöpfen Leid zufügen oder zufügen lassen? (...) Ist es nicht nur natürlich, daß ich das, was ich wünsche, daß es mir nicht geschehe, auch anderen Geschöpfen nicht geschehen lasse?"

Und die innige Verwandtschaft der Goldenen Regel zu Albert Schweitzers (o. J.a, I, S. 169 f.) Worten „Ich bin Leben, das leben will, inmitten von Leben, das leben will" ist auch kein Zufall. Im Grunde ist die Goldene Regel nichts anderes als die moralische Schlußfolgerung aus dieser psychologischen Erkenntnis.

Als fundamentale moralische Maxime – ich nenne sie auch Ethische Weltformel – gilt die Goldene Regel auch und vor allem für unseren Alltag – also auch im Hinblick auf unsere Ernährung. Es bedarf keiner tierlichen Produkte, um gesunde, wohlschmeckende Speisen zu bereiten. Warum soll ich dann unschuldige, wehrlose Wesen für mein Essen leiden und sterben lassen?

Heiligkeit des Lebens

Im „Zeit Magazin" (20, 2011) las ich Hans-Dietrich Genschers Aussage: „Jedes Menschenleben ist gleich wertvoll." Für jemanden, der im Philosophiestudium darauf gedrillt wurde, niemals unbegründete oder gar unbegründbare Behauptungen aufzustellen, ist das eine, je nach dem, äußerst schludrige oder äußerst kühne Redeweise. Nichtsdestotrotz entspricht sie exakt der gültigen Sprachregelung. Mehr noch: Wer diesen Satz nicht uneingeschränkt unterschreibt, begibt sich ins absolute gesellschaftliche Abseits.

Die ehemalige Bundesgesundheitsministerin Ulla Schmidt, die vor ihrer politischen Tätigkeit als Sonderschullehrerin psychisch kranke Kinder unterrichtete und mit geistig Behinderten arbeitete, formuliert die gleiche Aussage so: „Mein ganzes Leben lang habe ich mich für den Gedanken eingesetzt, dass jedes Leben gleich viel wert ist." (Der Spiegel, 26, 2011, S. 46)

Und in der „Zeit" (32, 2011) lese ich auf Seite 1 im Artikel „Kein Mitleid mehr!", in dem es um Hungerkatastrophen geht: „Hungernde Menschen sind ... Bürger dieser Weltgemeinschaft und damit Träger aller Menschenrechte." Schließlich im „Spiegel" (32, 2011, S. 42) im Zusammenhang mit dem Kindesmörder Magnus Gäfgen: „Dass die Menschenwürde keiner Abwägung zugänglich und also auch bei einem Verbrecher zu achten sei, gilt längst als gefestigte Meinung."

Was heißt all dies? Es heißt: Unabhängig von allen faktischen und moralischen Unterschieden, egal ob jemand hochbegabt oder schwerbehindert, steinreich oder bettelarm ist, ob er Mitmenschen rettet oder tötet, jeder Mensch ist gleich wertvoll und Träger von Menschenrechten.

Was ist denn nun die Funktion, die Auswirkung dieser Gleichwertigkeit aller Menschen? Die Antwort ist einfach: Diese Gleichwertigkeit hat eine fundamentale Schutzfunktion, sie sichert den Gleichwertigen einen Mindeststandard an Ansprüchen, insbesondere das Recht, nicht gefoltert oder getötet zu werden - wenn wir einmal von Staaten wie China und den USA absehen, in denen Menschenwürde und -rechte eine irritierende theoretische Schlagseite aufweisen.

Gibt es nun vernünftige Gründe, Tieren diesen Schutz durch Gleichwertigkeit vorzuenthalten? Um es gleich vorwegzunehmen: Nein! Denn „Abwertungen mittels Fakten" sind, wie wir gesehen haben, grundsätzlich unstatthaft – siehe etwa die intakte Gleichwertigkeit von Senilen, Dementen und geistig Behinderten. Außerdem befinden sich viele Tiere, etwa Hunde, Katzen, Rinder oder Schweine, auf einem *höheren* Niveau als viele Senile, Demente oder geistig Behinderte. Die „begabtesten" Tiere sind schlauer als die „unbegabtesten" Menschen. Daran ist nicht zu rütteln und dabei braucht man nicht einmal an Primaten zu denken, die sich mit der Zeichensprache mit Menschen unterhalten. Es genügt, einerseits an Blindenhunde zu denken oder an Kapuzineräffchen, die Behinderte betreuen, andererseits an im Bett vor sich hindämmernde Demente.

Wenn am menschlichen Leben etwas „heilig" ist, dann ist es keine „Heiligkeit" des menschlichen Lebens, sondern eine „Heiligkeit" des kreatürlichen Lebens – weil viele Tiere, wie gesagt, viel „heiliger", sprich: schlauer, begabter, intelligenter, was auch immer, sind als viele Menschen.

Eine Minderbewertung von Tieren gegenüber Menschen mittels Fakten ist also rationalerweise ausgeschlossen. Ebenso eine Minderbewertung mittels religiöser Begründungen. Schließlich leben wir nicht mehr in „Gottesstaaten", sondern in säkularen Gesellschaften, in denen auch Menschenrechte säkular, also „weltlich", sprich: glaubensneutral begründet werden müssen. Tierlichem Leben grundsätzliche Gleichwertigkeit und Schutzwürdigkeit abzusprechen, beruht auf Unvernunft oder Grausamkeit.

Verehrt und verteufelt
Zur Irrationalität der Mensch-Tier-Beziehung

Unser heutiger Umgang mit Tieren ist widersprüchlich und irrational: mal hätscheln wir sie, weil sie "süß" sind, mal verfolgen wir sie, weil sie "böse" sind, und mal foltern wir sie, weil das "nützlich" ist. Ein Blick in die Vergangenheit zeigt freilich, daß unsere irrationale Einstellung gegenüber Tieren alles andere als neu ist. In seinem Buch „Mensch und Tier" beschreibt Juri Dmitrijew zahlreiche unvernünftige Haltungen und Praktiken gegenüber Tieren:

Unter den vielen Tieren, die im alten Ägypten als heilig galten, nahm das Krokodil eine Sonderstellung ein. Das kam so: Jedes Jahr erwarteten die Menschen ungeduldig das Hochwasser des Nils. Denn vom Schlamm, den die Überschwemmungen zurückließen, hing die Ernte ab. Viel Schlamm bedeutete eine reiche Ernte.

Mit dem Hochwasser kamen regelmäßig auch viele Krokodile. Die Menschen glaubten nun aber nicht, daß das Hochwasser die Krokodile brachte, sondern umgekehrt, daß die Krokodile das Hochwasser brachten. Deshalb verehrten sie diese Tiere.

In den Marmorbecken der Parks rund um die Gotteshäuser wurden „heilige Krokodile" angesiedelt. Ihre Pfoten schmückte man mit goldenen Ringen und Armbändern und auf ihren Köpfen trugen sie wertvolle Edelsteine. Die Speisen wurden den Tieren auf silbernen Platten gereicht. Und einmal jährlich fand in Kairo das „Fest des Nils" statt, in dessen Verlauf den Krokodilen ein besonders schönes Mädchen geopfert wurde.

Die Griechen und Römer glaubten, daß einige ihrer als heilig verehrten Tiere die Fähigkeit besäßen, die Zukunft vorauszusagen. Diese Tiere wurden in besonderen Tempeln gehalten und auf Feldzüge mitgenommen. In Rom waren es vor allem die Hühner, die man als Wesen mit prophetischen Gaben verehrte.

Das Verhalten dieser Tiere wurde als Zeichen für künftiges Geschehen gedeutet. Besonders achtete man dabei auf den Appetit der Hühner bei Sonnenuntergang: fraßen sie viel, war es ein gutes Zeichen, hatten sie aber wenig Appetit, stand Unheil bevor. Nicht selten wurden wichtige Schlachten verschoben, weil die Hühner wenig gefressen hatten.

So sehr die Menschen unterschiedlicher Kulturen manche Tiere auch verehrten und vewöhnten - von Dauer war diese Wertschätzung keineswegs immer. Ein drastisches Beispiel hierfür liefert der Umgang mit Katzen.

In Ägypten galten Katzen als besonders heilig. Sie scharten sogar fast mehr Gläubige, die sie verehrten, um sich als alle anderen heiligen Tiere zusammen. Auf die Tötung einer Katze stand, selbst wenn sie unbeabsichtigt erfolgte, die Todesstrafe. Nicht selten wurden die Schuldigen von der Bevölkerung gelyncht.

Verstorbene Katzen wurden einbalsamiert und in Kistchen bestattet. Diese waren häufig aus Gold oder Silber gefertigt und reich mit Edelsteinen verziert. Beigesetzt wurden die Tiere auf besonderen Friedhöfen. Im Jahre 1860 wurde in Ägypten ein Katzenfriedhof entdeckt, auf dem nicht weniger als 180.000 Tiere ihre letzte Ruhe gefunden hatten. In Südeuropa konnten sich Katzen einer ähnlichen Wertschätzung erfreuen. So wurden sie etwa von den Griechen und Römern als Symbol der Freiheitsliebe verehrt.

Aber im Mittelalter wurden Katzen plötzlich verfolgt: Im Bestreben der allmächtigen Kirche, alles aus dem Orient Stammende zu vernichten, wurden Katzen zu einem der ersten Opfer kirchlicher Säuberungspolitik. In dem Maße, in dem sie früher verehrt worden waren, wurden sie jetzt verfolgt – als Ausgeburt der Hölle und Helfer des Teufels.

Besonders gewütet hat man gegen Katzen im Zusammenhang mit den Hexenverfolgungen. Das hatte zwei Gründe. Erstens glaubte man, daß sich Hexen zeitweise in Katzen verwandelten, zweitens verdächtigte man Hexen, über Katzen in Verbindung mit dem Teufel zu stehen. Folgerichtig wurden Katzen oft gemeinsam mit den Hexen gefoltert und verbrannt. In vielen Ländern Europas war es außerdem üblich, an bestimmten Tagen „Treibjagden auf Hexen" zu machen, sprich: Katzen zu fangen und zu töten. In Holland gab es sogar einen „Katzenmittwoch", an dem Katzen massenweise umgebracht wurden.

Im Mittelalter waren auch Tierprozesse an der Tagesordnung. Bis ins 18. Jahrhundert hinein wurden in vielen Ländern Europas zahllose Tiere wegen diverser „Verbrechen" verfolgt und verurteilt. Man unterschied zwischen „Zivil- und Strafsachen". Erstere verliefen recht human.

So gewann etwa 1480 in Frankreich ein Advokat einen Prozeß, indem er vor Gericht ausführte, warum seine Mandanten, zahlreiche Mäuse und Ratten, nicht vor Gericht erscheinen könnten: ihre Wohnorte seien so weit voneinander entfernt und ihre Höhlen so tief, daß sie nicht hören könnten, wenn sie vor Gericht geladen werden.

Also beschloß das Gericht, in allen Dörfern die Vorladung der Tiere zu verlautbaren. Leider nutzte auch das nichts. Der Anwalt erläuterte, warum: Auf ihrem langen Weg zum Gericht würden den Mäusen und Ratten auf Schritt und Tritt Katzen, Füchse und Eulen auflauern. Darüber hinaus erklärte er, daß es oh-

nehin nicht angehe, die Tiere wahllos und kollektiv an-
zuklagen, sondern daß es vielmehr darauf ankomme,
die individuelle Schuld der einzelnen Tiere nachzuwei-
sen. Da dies nicht möglich war, wurde das Verfahren
schließlich eingestellt.

Bei „Strafsachen" wurde eine wesentlich härtere
Gangart eingeschlagen. Hier landeten die meisten An-
geklagten auf dem Scheiterhaufen oder am Galgen.
Vom 12. bis zum 17. Jahrhundert wurden allein in
Frankreich etwa 100 Todesurteile gegen Tiere ausge-
sprochen. Aber auch in Italien, Deutschland, England,
Holland, Schweden und in der Schweiz wurde über
Tiere zu Gericht gesessen. Einige Beispiele: Im 13. Jahrhundert wurde ein Schwein zum Tod durch den Strang
verurteilt, weil es seinen Wurf aufgefressen hatte. Im
14. Jahrhundert endete ein Stier am Galgen, weil er einen Menschen angefallen hatte. Und im 18. Jahrhundert wurde ein Stier lebendig begraben, weil er angeblich eine Seuche verschuldet hatte.

Tiere konnten aber nicht nur als Angeklagte vor Gericht geladen werden, sondern auch als Zeugen. Wenn
etwa ein Mensch überfallen worden war und niemand
außer einer Katze dies beobachtet hatte, so mußte diese
als Zeuge „aussagen". Das konnte freilich auch gefährlich werden. Wenn nämlich das Gericht befand, daß
der Zeuge nicht laut um Hilfe geschrieen habe, wurde
häufig über ihn die Todesstrafe verhängt. Vor der Hin-

richtung wurden die Zeugen oft noch grausam gefoltert. Die Schreie galten als Geständnis.

Die Geistlichen im Mittelalter widmeten den Tieren große Aufmerksamkeit, indem sie lange „wissenschaftliche Dispute" über sie führten. Einig wurden sie sich dabei allerdings nicht. Einige glaubten, daß Tiere als Geschöpfe Gottes eine unsterbliche Seele hätten. Andere bedauerten sie, weil ihnen kein ewiges Leben beschieden sei. Und wieder andere waren davon überzeugt, daß alle Tiere vom Teufel besessen seien.

Unser Umgang mit Tieren war also, wie diese historischen Beispiele zeigen, immer höchst willkürlich und irrational. Anstatt Tiere als biologische Wesen mit bestimmten physischen und psychischen Eigenschaften zu erkennen, wurden sie oft als Heilige verehrt oder zu Teufeln erklärt. Und anstatt die üblichen ethischen Prinzipien auch auf Tiere anzuwenden, wurden für Tiere immer wieder moralische „Sondergesetze" erlassen: Regeln, die wir im Umgang mit Menschen nicht oder wenigstens nicht mehr akzeptieren – etwa das „Recht des Stärkeren".

Die Tierrechtsbewegung verwirklicht erstmals in der Geschichte, was eigentlich selbstverständlich sein sollte: daß wir Tiere als verwandte Wesen betrachten und gemäß jenen moralischen Regeln behandeln, die wir auch im Umgang mit Menschen für richtig halten.

Tierrechte, Evolution und Christentum

Das Hauptproblem beim Verwirklichen von Tierrechten ist das Nicht-Wahrnehmen der evolutionären, physischen und psychischen Kontinuität zwischen Menschen und Tieren. Würde diese Kontinuität wahrgenommen und gewürdigt, verhielten wir uns gegenüber Tieren exakt so, wie wir uns ihnen gegenüber verhalten sollten: entsprechend ihren wirklichen Eigenschaften, Fähigkeiten und Bedürfnissen.

Die Hauptursache für das Nicht-Wahrnehmen der Kontinuität zwischen Menschen und Tieren ist das Christentum, weil es zwischen Menschen und Tieren eine gigantische künstliche Kluft schafft: Gottesebenbildlichkeit des Menschen, unsterbliche Seele des Menschen, Vernunftbegabtheit des Menschen.

Tiere, Ethik und Egoismus

Zuweilen ist es schon fast erheiternd, auf welch bizarre Weise versucht wird, die ethische und evolutionäre Kontinuität zwischen Menschen und Tieren zu verleugnen. So wird etwa die Trauer um ein verstorbenes Tier ins Lächerliche gezogen. In einem CNN-Bericht über die zunehmende Tendenz, auch bei vergleichsweise banalen Anlässen öffentlich Tränen zu vergießen, wurden als Beispiele abgebrochene Fingernägel und verstorbene Haustiere genannt. Und in der Zeitschrift

Profil wird in der Kolumne „Geschmackspolizei" befriedigt registriert, daß im Schweizer „Tages-Anzeiger" Tiertodesanzeigen in die Rubrik „Privatmarkt" verbannt wurden.

Sigmund Freud hätte diesem politisch korrekten Zynismus gegenüber dem Tod von Tieren wohl wenig abgewinnen können. Über seinen Schmerz beim Ableben seines geliebten Hundes Lün Yu schrieb er (zit. n. Jones, 1978, S. 171): „Es ist der Qualität, wenn auch nicht der Intensität nach wie der Schmerz um ein verlorenes Kind."

Es ist immer das gleiche traurige - und dumme! - Lied: Anstatt die Einheitlichkeit und Unteilbarkeit der Ethik zu erkennen und zu akzeptieren, glaubt man, seine Reife und Rationalität damit beweisen zu müssen, daß man die Ethik auf die eigene Art beschränkt - und dokumentiert damit doch nur, daß man Ethik mit Egoismus verwechselt.

Tierrechte, „Haustiere" und „Nutztiere"

Der Kampf für Tierrechte ist eine mühsame Sache. Aber einen großen Vorteil hat das Thema: Alle vernünftigen und moralischen Argumente sprechen *für* Tierrechte! Der Anlaß für folgende Überlegungen ist ein sehr trauriger und für mich persönlich potentiell vernichtender: der Tod meiner (das Wort drückt kein Besitz-, sondern ein Naheverhältnis aus) Katze Mecky.

Sie starb, während ich beim Tierarzt war, um neue Medikamente zu holen – und vorsorglich eine Substanz, die sie schmerzfrei wegdämmern lassen würde.

Die Tendenz der letzten Tage war schon eine recht hoffnungslose: immer weitere Verschlechterung trotz bereits höchster Medikamentendosierung. Aber: In einem ganz ähnlichen Zustand war Mecky schon vor über vier Monaten, wo ihm der Arzt eine Überlebenszeit von ein bis fünf Tagen gab. Entsprechend vorsichtig war ich jetzt natürlich mit dem Erlösungsmittel.

Wir hatten noch eine wunderbare Zeit, von der wir wohl beide wußten, daß sie nicht sehr lange währen würde und wir sie daher nützen müssen. Mecky saß meist den ganzen Tag an meiner Seite, während ich arbeitete.

Und jetzt ist er tot.

Nachdem ich ihn unter dem Bett entdeckt hatte, machte ich einen langen Spaziergang. Ganz in der Nähe werden im Freien ein paar Rinder, Schweine, Hasen und Hühner gehalten. Das ist nicht einmal ein „Bio"-Betrieb, sondern eher ein kleiner Zoo. Allerdings verraten die gelben Marken in den Ohren der Rinder, daß auch diese Tiere für die Ermordung vorgesehen sind.

Da stehe ich also: verzweifelt und zermürbt vom wochenlangen Verfall und Leiden meines geliebten Freundes, für dessen Wohlbefinden ich alles Erdenkliche getan hatte. Und hier vollkommen gesunde Tiere, die mitten im Leben ermordet werden.

Leute kommen vorbei. Bringen den Tieren etwas zum Essen, streicheln sie, reden mit ihnen. Ich denke mir: Was geht in diesen Menschen wohl vor? Fast frage ich schon: „Sind Sie eigentlich Vegetarier?" Ich lasse es aber. Eine schlechte Situation und Zeit für solche Gespräche.

Aber: Grundsätzlich eine gute Gelegenheit, um für Tierrechte zu sensibilisieren: Es gibt bei uns doch jede Menge Menschen, die Haustiere haben: Hunde, Katzen usw. Wenn es uns gelänge, wenigstens einem Teil dieser Menschen die Augen dafür zu öffnen, daß Hunde und Katzen einerseits und zum Beispiel Schweine andererseits einander sehr, sehr ähnlich sind und daher die völlig unterschiedliche Behandlung dieser Tiere vollkommen irrational und ungerecht ist, dann wäre schon sehr viel gewonnen!

Wenn wir einen nennenswerten Teil der Hunde- und Katzenbesitzer, die ihre Tiere hegen und pflegen, dazu bringen könnten, ihre Wand von Vorurteilen und Fehlinformationen einzureißen, so wäre das ein Riesenschritt in die richtige Richtung – der seinerseits das Potential für weitergehende Bewußtseins- und Verhaltensänderungen in sich bergen würde.

„Bearbeiten" wir also alle Haustierbesitzer dahingehend, daß ihnen klar wird, daß sie mit ihrer Lebensweise dafür sorgen, daß andere Tiere, die genauso sensibel und liebesbedürftig sind, schrecklich leiden und sinnlos sterben!

Schopenhauer (1977, S. 275) schätzte das Gebet „Mögen alle lebende Wesen von Schmerzen frei bleiben". Dieser Wunsch ist leider unerfüllbar. Aber Mecky und Millionen anderer „Haustiere" sind der Beweis dafür, daß ein Leben mit *wenig* Leiden sehr wohl möglich ist!

Dies zu realisieren, muß unser aller Ziel sein. Und zwar für *alle* Tiere! Unabhängig davon, ob sie zufällig bei uns wohnen, ob wir sie zufällig kennen, ob wir sie niedlich, süß oder sympathisch finden, ob sie lange oder kurze Beine oder Haare haben, ob sie schwarz, braun oder rosa sind. Tiere sind wie wir leidensfähige Wesen und haben daher wie wir das Recht, rücksichtsvoll und respektvoll behandelt zu werden.

Konsequenz führt zu Tierrechten

„Sportpferd" las ich jüngst auf einem Auto-Anhänger – und dachte gleich an Anhänger anderer Art: an solche, mit denen Schlachtpferde transportiert werden. Da wurde mir wieder einmal bewußt, daß zur Beantwortung der Frage, wie wir Tiere behandeln sollen, im Grunde reine Konsequenz reicht:

Daß man mit Schweinen, die sich bekanntlich auf dem gleichen Bewußtseins- bzw. Empfindlichkeitsniveau wie Hunde befinden, nicht machen darf, was man mit Hunden nie machen würde, mag manchen anfangs ja noch überfordern. Aber daß man mit einem Hund im Versuchslabor nicht machen darf, was man mit seinem Hund zuhause nie machen würde, müßte eigentlich jedem sofort einleuchten.

Das Aufzeigen solcher Widersprüche ist ein wichtiger Hebel zur Veränderung der Menschen. Denn der Vorwurf der Inkonsequenz trifft und stört auch jene, die moralisch de facto gleichgültig sind.

Menschenrechte für Tiere

Schon Arthur Schopenhauer (1977, S. 278) entrüstete sich: „Die vermeintliche Rechtlosigkeit der Thiere, der Wahn, daß unser Handeln gegen sie ohne moralische Bedeutung sei ..., ist geradezu eine empörende Rohheit und Barbarei des Occidents." Christian Morgenstern vermutete: „Weh dem Menschen, wenn nur ein einziges Tier im Weltgericht sitzt." Und Albert Einstein sah die Aufgabe der Menschen darin, „uns selbst zu befreien, indem wir die Sphäre des Mitleids auf alle Lebewesen ausdehnen". Paula Cavalieri und Peter Singer (1994) fordern nun im gleichnamigen von ihnen herausgegebenen Sammelband „Menschenrechte für die Großen Menschenaffen".

So irreal und irrational die Forderung nach Menschenrechten für Menschenaffen auch klingen mag – dieses sogenannte „Great Ape Projekt" ist wohlüberlegt und wohlbegründet. Zahlreiche renommierte Wissenschaftler aus aller Welt setzen sich unter anderem aus philosophischer, psychologischer, biologischer und juristischer Sicht mit unserem Umgang mit Menschenaffen (Schimpansen, Goriallas und Orang-Utans) auseinander und kommen zum Schluß, daß wir diesen Tieren konsequenterweise folgende Rechte zugestehen müßten: das Recht auf Leben, das Recht auf Schutz der individuellen Freiheit und das Recht auf Schutz vor Folter.

Diese Forderungen werden in einer „Deklaration über die Großen Menschenaffen" (damit sind Menschen und Menschenaffen gemeint) am Anfang des Buches aufgestellt. Der Band stellt ein politisches Manifest dar, dessen Ziel ebenso eindeutig wie ehrgeizig ist: Die für die Menschenaffen reklamierten Rechte sollen keineswegs nur im unverbindlichen Rahmen philosophischer und wissenschaftlicher Diskussion erhoben, sondern vielmehr praktisch durchgesetzt und in der Charta der Vereinten Nationen verankert werden. Zur Wahrung der Rechte der befreiten Menschenaffen sollen - je nachdem, ob sie unter natürlichen oder unter zivilisatorischen Bedingungen leben - Einrichtungen geschaffen werden, die sich an bereits bestehenden Institutionen orientieren könnten. Dabei denken die Herausgeber etwa an UN-Treuhandgebiete oder Organisationen mit „Obhut"-Charakter wie zum Beispiel Amnesty International.

Gleich mehrere Autoren betonen, daß die übliche wissenschaftliche Systematik weniger die Fakten der

Biologie widerspiegelt als vielmehr die Irrationalität und Hybris des Menschen. Richard Dawkins weist auf die Künstlichkeit der konventionellen Kategorie Menschenaffe hin: „Es gibt keine natürliche Kategorie, zu der Schimpansen, Gorillas und Orang-Utans gehören, nicht aber der Mensch." Auch für Jared Diamond ist die traditionelle Unterscheidung von Menschen und Menschenaffen schlicht eine „Verzerrung der Tatsachen". Er veranschaulicht dies mit dem Hinweis, daß, sollten je außerirdische Systematiker auf die Erde kommen, um ein Verzeichnis ihrer Bewohner anzulegen, sie ganz bestimmt Menschen und Schimpansen der gleichen Gattung zuordnen würden.

Noch „sensationeller" und schlagender (weil intuitiv nachvollziehbar) als die biologische Ähnlichkeit ist aber die „geistige", psychologische Ähnlichkeit zwischen Menschen und Menschenaffen. Unter anderem Roger und Deborah Fouts, H. Lyn White Miles und Jane Goodall berichten von geradezu phantastisch anmutenden Fähigkeiten von Menschenaffen:

Sie können die amerikanische Taubstummensprache erlernen und verfügen über ein aktives Vokabular von etwa tausend Wörtern. Mit dieser Zeichensprache können sich Menschenaffen sowohl untereinander als auch mit Menschen verständigen. Sie können gedruckte Wörter, unter anderem ihren eigenen Namen, lesen. Menschenaffen sind in der Lage, gesprochenes Englisch zu verstehen und ein passives Vokabular von mehreren Tausend Wörtern zu beherrschen. Sie können auf Englisch gestellte Fragen in der Zeichensprache antworten und äußern sich über ihre Gefühle, wobei sie Worte wie „glücklich", „traurig", „furchtsam", „freuen", „begierig", „enttäuschen", „böse" und „Liebe" verwenden.

Menschenaffen verfügen über ein ausgeprägtes Erinnerungsvermögen, zeigen Humor, erfinden und spielen Spiele, lügen, täuschen. Sie können abstrakt denken, haben eine bildliche Vorstellung, sind kreativ, malen Bilder. Sie sind in der Lage, komplexe Probleme planmäßig und unter Zuhilfenahme verschiedenster Werkzeuge zu lösen.

Diese Tiere zeigen fürsorgliches und altruistisches Verhalten, weinen bei Verletzungen oder wenn sie alleine gelassen werden, trauern um Verstorbene und sprechen über den Tod. Und: Sie sind (was schon die vorangehenden Ausführungen belegen und was unter anderem die Verwendung von Personalpronomen und das Selbererkennen im Spiegel vollends außer Zweifel stellen) selbstbewußte Lebewesen.

Intelligenz und Sensibilität der Menschenaffen stehen in einem haarsträubenden und erschütternden Widerspruch zur Art, wie wir mit ihnen umgehen. Geza Teleki vergleicht den modernen Schimpansenhandel mit dem historischen Sklavenhandel. Für einen Schimpansensäugling, der mehr als ein Jahr an seinem Bestimmungsort in Übersee überlebt, müssen mindestens zehn andere Schimpansen sterben:

„Das Gemetzel beginnt in der Wildnis, wo Jäger die Mütter der Schimpansenbabies und andere Mitglieder der Gruppe, die sie beschützen wollen, mit Schrotflinten oder Steinschloßgewehren, die mit kleinen Steinen oder Metallsplittern geladen sind, überfallen. Viele Säuglinge sterben, wenn diese grobe Munition streut und nicht nur die Mütter, sondern auch die Kinder trifft, die sich an ihnen festklammern. Um die erwachsenen Schimpansen zu töten, die die Jungen verteidigen, werden auch Fallgruben, vergiftetes Futter, Drahtschlingen, Netze und sogar Meutehunde eingesetzt. Noch mehr Tote gibt es während des Transports zum nächsten Dorf. Oft werden die Säuglinge mit Draht an Händen und Füßen gefesselt ... Lastwagen bringen sie in die Städte, in winzigen Käfigen oder fest zugebundenen Säcken ... Nur wenige werden unterwegs versorgt, daher sind Verhungern und Verdursten Alltäglichkeiten. Während sie auf den Weitertransport nach Übersee warten, sterben wieder einige durch die Unterversorgung in den schmutzigen Verschlägen und auf Flughäfen, wo es durch Flugverspätungen zu Erfrierungen kommt. In winzige Käfige gestopft ..., müssen die Opfer oft tagelang reisen ... Einigen Säuglingen gelingt es, trotz der schlechten Chancen, alle diese Strapazen zu überleben, nur um dann am Bestimmungsort am Zusammenwirken des physischen und psychischen Traumas zu sterben."

Doch diese Tiere haben im Vergleich zu den Überlebenden noch Glück gehabt. Denn am Bestimmungsort beginnt das ärgste Elend erst. Die Tiere kommen in Zoos, Zirkusse oder Tierschauen, um hier lebenslang unter erbärmlichen Umständen dahinzuvegetieren, bis sie schließlich buchstäblich verrückt werden. Oder sie werden, sobald sie nicht mehr jung und attraktiv sind, an Versuchslabors weiterverkauft. Oder sie kommen direkt, ohne Umweg über Zoo, Zirkus oder Tierschau in Versuchslabors.

Hier werden sie, wie David Cantor von PETA berichtet, unter anderem mit Grippe, Hepatitis, Krebs und Aids infiziert. Sie leben in winzigen, verdreckten Käfigen, ohne jegliche Ablenkungs- oder Spielmöglichkeit und ohne jeden Kontakt zu anderen Tieren. In solche Isolierkäfige sind diese hochintelligenten, sensiblen und sozialen Tiere unter Umständen 50 Jahre eingesperrt! Sie verlassen ihr Gefängnis nur zur Durchführung von Versuchen – und als Tote.

Daß ein solcher Umgang mit unseren nächsten Verwandten moralisch nicht in Ordnung sein kann, leuchtet jedem intuitiv ein. Doch damit wollen es die Autoren des Buches nicht bewenden lassen. Sie erheben den Anspruch, rational nachvollziehbare Argumente zu liefern. James Rachels erinnert an das zuerst von Aristoteles formulierte fundamentale moralische Prinzip, daß gleiche Fälle auch gleich behandelt werden müssen (Gleichheitsprinzip). Darwin hat uns gelehrt, daß Tiere im allgemeinen und Menschenaffen im besonderen uns in vielerlei Hinsicht gleichen. „Jeder gebildete Mensch", so Rachels, „hat heute Darwins Lektion über den Ursprung des menschlichen Lebens und seine Verbindung zu nichtmenschlichem Leben gelernt. Unsere Sache ist es jetzt, die daraus folgenden moralischen Konsequenzen ebenso ernst zu nehmen."

Auf einen anderen Gesichtspunkt, der uns im Hinblick auf unseren Umgang mit Tieren zu denken geben sollte, weist Colin McGinn hin: Wir haben schlicht Glück gehabt, als Menschen und nicht als Tiere geboren worden zu sein. Unsere privilegierte Stellung beruht nicht auf Verdienst, sondern auf Zufall. Wir hätten genausogut als Menschenaffen, mit denen grausame Experimente gemacht werden, auf die Welt kommen können. Möglicherweise ereilt uns ein ähnliches Schicksal auch noch. Vielleicht werden wir eines Tages von uns intellektuell überlegenen Außerirdischen heimgesucht, die sich uns gegenüber so verhalten, wie wir uns gegenüber Tieren verhalten. Aus diesem Bewußtsein des (Bis-jetzt-)Glücklich-davongekommen-Seins sollten wir die moralische Konsequenz ziehen, diejenigen, die nicht solch unverschämtes Glück hatten, nicht allzu anders zu behandeln, als wir an ihrer Stelle behandelt werden möchten.

Welch grauenhaftem Schicksal wir möglicherweise dadurch entgangen sind, daß wir zufälligerweise als Menschen geboren wurden, verdeutlicht ein Vorfall, von dem Bernard E. Rollin berichtet: Ein Tierpfleger in einem Versuchslabor hatte sich intensiv mit der Aufzucht eines Schimpansenbabys beschäftigt, an dem später Experimente durchgeführt werden sollten. Es entwickelte sich eine persönliche Beziehung zwischen Pfleger und Schimpanse. Schließlich wurde das Tier in ein anderes Laboratorium gebracht. Der Pfleger vermied es bewußt, sich über das weitere Schicksal „seines" Schimpansen zu informieren. Eines Tages spazierte der Tierpfleger mit einem Kollegen durch eine Abteilung des Instituts, die er normalerweise nicht betrat. Plötzlich zeigte der Kollege auf einen Käfig, in dem ein Schimpanse durch wilde Gesten offensichtlich auf sich aufmerksam machen wollte. Der Pfleger trat zum Käfig, las an der daran befestigten Karte und stellte fest, daß es sich um jenen Schimpansen handelte, den er einst großgezogen hatte. Das Tier war für Experimente benutzt worden, die schließlich zu seinem Tod führen würden. „Als der Pfleger vor dem Käfig stand, reichte ihm der Schimpanse durch das Gitter die Hand, sah ihm in die Augen, hielt seine Hände fest und starb."

Menschlicher Fundamentalismus und universelle Tierrechte

Immer wieder erleben wir, welch verheerende Folgen Fundamentalismus haben kann und wie wichtig es ist, sich gegen ihn zur Wehr zu setzen. Was wir aber nicht sehen, ist, daß Tiere in unserem Kulturkreis seit Jahrtausenden Opfer eines ebensolchen Fundamentalismus sind: Opfer der aberwitzigen Dogmen vom fundamentalen Unterschied zwischen Menschen und Tieren: exklusive „Vernunftbegabtheit" des Menschen, exklusive „unsterbliche Seele" des Menschen, exklusive „Ebenbildlichkeit" des Menschen mit Gott.

Wir sind zu Recht entsetzt, wenn Fundamentalismus tödliche Folgen hat. Genau dies ist aber auch beim menschlichen Fundamentalismus gegenüber Tieren der Fall. Aufgrund der objektiv falschen Behauptung, Menschen seien etwas völlig anderes als Tiere, werden Tiere am laufenden Band gefoltert, getötet und gegessen. Wir hätten also jeden Grund, vor der eigenen fundamentalistischen Haustüre zu kehren und unsere Wahrnehmung und Behandlung von Tieren endlich auf eine realistische und moralische Ebene zu stellen:

Wir sollten endlich zur Kenntnis nehmen, daß Menschen und Tiere das Ergebnis *einer* Evolution sind, daß uns Tiere in vielerlei Hinsicht ähneln und in bezug auf das moralisch entscheidende Merkmal Leidensfähigkeit gleichen. Und daraus sollten wir endlich -

Stichwort: Gleichheitsprinzip - die ethischen Konsequenzen ziehen.

Aber das wollen die meisten Menschen nicht. Sie bleiben lieber irrationale Fundamentalisten. Ewig wird das aber hoffentlich nicht funktionieren. Denn unsere Kultur ist mit dem Rationalitätsbazillus infiziert, der langfristig eine positive ethische und rechtliche Dynamik in Richtung universeller Tierrechte in Gang setzen könnte.

Planet des Leidens

Wer auf einen besonders barbarischen Umgang mit Menschen verweisen will, sagt oft, diese seien „wie Tiere" behandelt worden. Ein Beispiel: Susanne Osthoff berichtet in der TV-Sendung „Beckmann" von ihrer Geiselhaft im Irak, wo sie zum Teil "wie ein Tier" behandelt worden sei (und sich auch entsprechend gefühlt habe).

Den Benützern dieses Vergleichs ist vermutlich nicht bewußt, daß es sich hier um ein zweischneidiges Schwert handelt: Wenn Menschen so grausam wie Tiere behandelt werden, dann werden Tiere so grausam wie diese Menschen behandelt!

Nimmt man hinzu, daß es zwischen Menschen und Tieren in bezug auf die Leidensfähigkeit keinen Unterschied dergestalt gibt, daß das tierliche Leiden prinzipiell weniger schlimm wäre. Und berücksichtigt man weiters, daß Tiere in Ermangelung bestimmter leidensvermindernder Strategien („Auf dem Weg in die Gaskammern Psalmen singen – das kann kein Tier. Es ist der dumpfen Angst sprachlos ausgeliefert, und seine Angst ist fast immer Todesangst", sagt Robert Spaemann [zit. n. Teutsch, 1987, S. 264]) unter vergleichbaren Bedingungen unter Umständen sogar *mehr* leiden. Dann beginnt man zu begreifen, welch endloses Leiden wir den Tieren ununterbrochen unnötig und mutwillig zufügen.

Susanne Osthoff berichtet so eindrücklich und anschaulich von ihrem Martyrium, daß man mitfühlt – und erschaudert. Wenn man diese Qualen milliardenfach multipliziert, bekommt man eine leise Ahnung vom bebenden Leiden, das unseren Planeten augenblicklich erfüllt.

Entscheidung

Jeder von uns hat Erfahrungen oder zumindest Vorstellungen in bezug auf bestimmte unangenehme Lebenssituationen. Zum Beispiel:

Gefangenschaft: Wir können uns ganz gut vorstellen, wie es ist, für, sagen wir, einen Monat oder auch ein Jahr eingesperrt zu sein – ohne Möglichkeit, unser Gefängnis zu verlassen, vielleicht sogar mit Blick auf die unerreichbare Freiheit draußen.

Einsamkeit: Wir alle wissen, was es heißt, für einige Zeit von unseren Lieben getrennt zu sein: von unserem

Partner, von unseren Kindern oder, am schmerzlichsten wohl: als Kinder von unseren Eltern.

Frustration: Wir kennen das höchst unangenhme Gefühl, das sich einstellt, wenn starke Bedürfnisse über längere Zeit unbefriedigt bleiben. Etwa der Wunsch nach Zärtlichkeit oder Liebe. Und wir können uns wenigstens vorstellen, wie schlimm das Gegenteil ist: vergewaltigt zu werden. Die Qualen, die länger andauernder Hunger oder Durst bedeuten, kennen wir vielleicht nicht unbedingt aus eigener Erfahrung. Aber die Folgen des Gegenteils: essen zu müssen, wenn wir schon längst satt sind, können wir uns sehr wohl vorstellen.

Langeweile: Wir alle haben Erinnerungen an Zeiten, in denen wir uns „zu Tode" gelangweilt haben - zum Beispiel in unserer Kindheit gegen Ende der Ferien.

Schrecken: Dank Alpträumen und Horrorfilmen können wir uns einen Begriff davon machen, wie es ist, von jemandem verfolgt zu werden, von dem wir genau wissen, daß er uns töten will.

Schmerzen: Zahnarztbesuche haben viele von uns um die Erfahrung kurzer, aber heftiger Schmerzen reicher gemacht.

Wenn wir nun diese Leiden kombinieren, in bezug auf Dauer und Intensität vervielfachen und uns vorstellen, daß ein Leben aus nichts anderem besteht, dann bekommen wir langsam einen Begriff vom Leben, zu dem „Versuchstiere", "Pelztiere", "Fleischtiere" usw. verdammt sind. Dann dämmert uns, welch schauerliches Alptraumdasein jene hilflosen Wesen fristen, die wir für unsere Zwecke milliardenfach gefangenhalten, foltern und umbringen. Dann beginnen wir die Hölle zu erahnen, in der sich diese Tiere vom ersten Atemzug bis zum letzten Angstschrei befinden. Und dann müssen wir entscheiden, ob wir weiter an diesen Verbrechen beteiligt sein wollen.

„Alles wird wieder gut!"

„Alles wird wieder gut", sagen wir öfter zu uns selber oder zu anderen, bei Problemen, vor dem Einschlafen, nach Enttäuschungen, „ist es momentan auch unangenehm und schwierig, letztlich wird alles wieder gut werden."

Für die Tiere wird nichts wieder gut! Alles ist schlecht, wird immer schlimmer und endet noch schrecklicher als befürchtet: auf dem Todestransport, auf dem Schlachthofboden, im Folterstuhl. "Alles wird wieder gut!", die Beruhigungsformel für Menschen, hat für Tiere keine Geltung, weil wir die Welt in eine einzige Hölle für Tiere verwandelt haben. Was wir in Horrorfilmen und Psychothrillern ersonnen haben, um uns wohlige Schauer über den Rücken zu jagen, wird an den Tieren real vollzogen: überall, ununterbrochen, mitten unter uns, in diesem Augenblick – jetzt. Alle wissen es, alle schweigen, niemand handelt.

Kann es so weitergehen? So darf es nicht weitergehen! Jeder, der sich ernsthaft an *irgendwelche* moralische Prinzipien gebunden fühlt, hat die unbedingte Pflicht, sich gegen diese Verbrechen, die *jeglicher* Moral widersprechen, zu erheben.

Anachronismus Tiere essen

In vielen Lebensbereichen haben im Laufe der Zeit weit- und tiefgreifende Veränderungen stattgefunden. Denken wir an die immensen Fortschritte in Medizin, Technik und Wissenschaft. Oder an die großartigen Werke in der Literatur und Musik. Nur in einem Bereich hat sich überhaupt nichts geändert, da treten wir seit der Steinzeit auf der Stelle: beim Essen. Nach wie vor fressen wir wie die wilden Tiere.

Das Fleischessen (und das damit zusammenhängende Konsumieren anderer Tierprodukte) ist *der* Anachronismus des modernen Menschen, ein ökologischer, ökonomischer, medizinischer und ethischer Wahnsinn: Diese grauenhafte Gewohnheit zerstört die Umwelt, ist unwirtschaftlich und ungesund, verursacht Hunger und ist ein Verbrechen gegenüber den Tieren.

Der Mensch kam nicht als Mensch
auf die Welt

Der heutige Mensch kam als Art nicht als Mensch, sondern als Unmensch auf die Welt – wenigstens aus heutiger Sicht: Als wir vor einigen zig Jahrtausenden die Erde betraten, waren wir „privat", „gesellschaftlich" und „politisch" ein Ausbund von Unzivilisiertheit: Wir hatten schreckliche Manieren, verhielten uns extrem unsozial und waren alles andere als überzeugte Demokraten.

Inzwischen hat sich einiges geändert, wenigstens bei vielen und zumindest an der Oberfläche: Heute essen wir nicht mehr „wie die Schweine", akzeptieren Verantwortung auch für andere und orientieren uns wenigstens nicht mehr ausschließlich am „Recht des Stärkeren".

Natürlich ist diese Zivilisationsschicht an manchen Stellen dünn und hält nicht immmer archaischen Impulsen stand – zum Beispiel im Kriegsfall. Aber gewisse zivilisatorische Normen gelten wenigstens im Normalfall, im Nichtkriegsfall.

Die einzigen, gegen die wir auch in Friedenszeiten hemmungslos Krieg führen, sind die Tiere. Wir sperren sie lebenslang ein, wir machen mit ihnen grausame Experimente und wir bringen sie für banalste Zwecke oder überhaupt „zum Spaß" um. Unser Umgang mit Tieren ragt wie eine steinzeitliche Insel in unser modernes Leben. Diesen letzten weißen Fleck auf der Landkarte der Zivilisiertheit gilt es endlich zu erschließen.

Sollen wir Tieren Rechte verleihen?

Die philosophischen Publikationen über die Frage, ob wir auch Tieren eigene moralische Rechte zugestehen sollen, ist kaum mehr überschaubar. Diejenigen, die Tieren solche Rechte verleihen möchten, betonen naturgemäß die Ähnlichkeiten zwischen Menschen und Tieren. Denn der einzige verläßliche Orientierungspunkt in diesem unübersichtlichen Themenbereich ist der Konsens darüber, daß *Menschen* moralische Rechte *haben*. Infolgedessen steigen Neigung und Notwendigkeit, auch Tieren solche Rechte zuzuerkennen, mit der zunehmenden Ähnlichkeit zwischen Menschen und Tieren. Wer Tieren keine Rechte zugestehen möchte, betont folgerichtig die Unterschiede zwischen Menschen und Tieren.

Da es je nach Perspektive und Abstraktionsniveau unendlich viele Gemeinsamkeiten und Unterschiede zwischen Menschen und Tieren gibt, verwundert es nicht, daß die Diskussion um den moralischen Status von Tieren mittlerweile solche Ausmaße angenommen hat.

Die verwirrende Vielfalt an Fragen verschwindet allerdings schlagartig, sobald wir nicht mehr mit beiden Beinen auf dem Boden der Theorie stehen, sondern zumindest ein Bein auf den Boden der Realität setzten – und uns fragen: Worum geht es denn hier eigentlich, bzw.: worum *sollte* es hier vernünftigerweise gehen?

Dann sehen wir nämlich, daß es um empfindungsfähige Wesen geht, denen so lange unbeschreiblich grauenhaftes Leiden zugefügt werden wird, als wir ihnen *keine* eigenständigen moralischen Rechte zugestehen. Und plötzlich erscheinen die zunächst in der Tat bedrohlich massiven und zahlreichen Unterschiede zwischen Menschen und Tieren in einem völlig anderen Licht:

Egal was auch immer der Mensch können mag, was Tiere nicht können – warum um alles in der Welt soll das eine Rechtfertigung dafür sein, sie zu quälen? Warum soll man Wesen lebenslang einsperren dürfen, weil sie keine mathematischen Gleichungen lösen können? Warum soll man sie umbringen und aufessen dürfen, weil sie keine Sinfonien komponieren können? Warum soll man mit ihnen grausame Experimente machen dürfen, weil sie keine Liebesgedichte schreiben können? Und warum soll man ihnen bei lebendigem Leib die Haut abziehen dürfen, weil sie keine Religion haben?

Um *diese* Fragen geht es und um sonst überhaupt nichts! Entscheidend ist einzig und allein diese *Gemeinsamkeit* von Menschen und Tieren: Tiere sind wie wir leidensfähige Wesen, die nichts so scheuen, als leiden zu müssen. Angesichts dieser Gemeinsamkeit verlieren alle Unterschiede zwischen Menschen und Tieren jegliche moralische Bedeutung. Und da die einzige Möglichkeit, Tieren namenloses Leid zu ersparen, darin besteht, ihnen moralische Rechte zu verleihen, sollen wir dies tun.

Befreiung, Ethik und Egoismus

Menschen können für ihre Freiheit kämpfen, Tiere nicht. Das ist der große Unterschied zwischen allen Befreiungsbewegungen in bezug auf Menschen und der Befreiung der Tiere. So bedeutsam dieser Unterschied schon auf den ersten Blick ist - in Wirklichkeit ist er noch wichtiger und wesentlicher: Weil Menschen selbst um ihre Freiheit kämpfen können, sind bei menschlichen Befreiungsbewegungen immer auch gewaltige egoistische Impulse am Werk: alle Energien derer, die ihre eigene Befreiung naturgemäß nach Kräften fördern – wobei „egoistisch" hier, weil völlig legitim, nicht abwertend, sondern einfach im Sinne von „für sich selbst eintretend" zu verstehen ist. Außerdem können bei Befreiungsbewegungen in bezug auf Menschen auch für die Unterdrücker egoistische Motive eine Rolle spielen: Vielleicht ist es langfristig klüger, den Unterdrückten freiwillig Rechte einzuräumen, als zu warten, bis sie sich ihre Rechte vielleicht selbst gewaltsam nehmen.

Bei der Befreiung der Tiere, fehlen diese egoistischen Komponenten, hier sind wir ausschließlich auf menschliche *Selbstlosigkeit* angewiesen. Die Befreiung der Tiere erfordert quasi die Reinkultur menschlicher Selbstlosigkeit. Hier sind wir auf diejenigen angewiesen, die sich für andere engagieren. Deshalb wäre die Befreiung der Tiere aus menschlicher Tyrannei der denkbar stärkste und überzeugendste Beweis für menschliche Selbstlosigkeit, Gerechtigkeit und Moralität – und als solcher auch eine immense Ermutigung für die Bewältigung der menschlichen Zukunft.

Literatur

ARDANT, FANNY: *„Ich habe es immer vorgezogen, frei zu sein"* (Interview), Spiegel, 48, 2019.

CANETTI, ELIAS: *Die Provinz des Menschen.* München, Wien: Carl Hanser, 1973.

CAVALIERI, PAOLA, SINGER, PETER (HG.): *Menschenrechte für die Großen Menschenaffen.* München: Goldmann, 1994.

DUVE, KAREN: *Anständig essen.* Berlin: Galiani, 2011.

EINSTEIN, ALBERT: Zitatquelle: Animals´ Agenda, July / August 1992, S. 27.

FOER, JONATHAN SAFRAN: *Tiere essen.* Köln: Kiepenheuer & Witsch, 2010.

HOERSTER, NORBERT: *Abtreibung im säkularen Staat.* Frankfurt: Suhrkamp, 1991.

JELINEK, ELFRIEDE: Persönliche Korrespondenz mit ihr im Jahre 2004.

JONES, ERNEST: *Das Leben und Werk von Sigmund Freud,* Band III. Bern: Huber, 1978.

KAPLAN, HELMUT F.: *Die Ethische Weltformel: Eine Moral für Menschen und Tiere.* Neukirch-Egnach: Vegi-Verlag, 2003.

KAPLAN, HELMUT F.: *Leichenschmaus: Ethische Gründe für eine vegetarische Ernährung.* Reinbek: Rowohlt, 1993.

KAPLAN, HELMUT F.: *Menschenrechte und Tierrechte: Solidarität mit den Leidensfähigen.* Norderstedt: Books on Demand, 2019.

KAPLAN, HELMUT F.: *Philosophie des Vegetarismus: kritische Würdigung und Weiterführung von Peter Singers Ansatz.* Frankfurt: Lang, 1988.

KAPLAN, HELMUT F.: *Tierbefreiungen – Kriminelle Akte oder konsequente Ethik?* In: Interdisziplinäre Arbeitsgemeinschaft Tierethik Heidelberg (Hrsg.): Tierrechte: Eine interdisziplinäre Herausforderung. Erlangen: Harald Fischer, 2007.

LEICK, ROMAIN: *Zurück am Abgrund,* Spiegel, 38, 2019.

PARHAM, VISTARA: *What´s Wrong With Eating Meat?* Corona: PCAP Publications, 1981.

PATTERSON, CHARLES: *Eternal Treblinka*. New York: Lantern Books, 2002.

RUSSELL, BERTRAND: „*Dominion as Power*". In: Paul A. B. Clarke, Andrew Linzey (Hrsg.): Political Theory and Animal Rights. London, 1990.

SAPONTZIS, STEVE F.: *The Evolution of Animals in Moral Philosophy*, Between the Species, Vol. 3, No. 2 (Spring 1987).

SCHOPENHAUER, ARTHUR: *Preisschrift über die Grundlage der Moral*. Zürcher Ausgabe, Band VI. Zürich: Diogenes, 1977.

SCHWEITZER, ALBERT: *Gesammelte Werke in fünf Bänden*. München: C. H. Beck, o. J.a.

SCHWEITZER, ALBERT: *Kein Sonnenstrahl geht verloren. Worte Albert Schweitzers*. Eingeleitet und zusammengestellt von Richard Kik. Freiburg im Breisgau: Hyperion-Verlag, o. J.b.

SINGER, PETER: *Animal Liberation*. New York: The New York Review, 1975.

SINGER, PETER: *Animal Liberation. Die Befreiung der Tiere.* Reinbek: Rowohlt, 1996.

TEUTSCH, GOTTHARD M. (HRSG): *Da Tiere eine Seele haben ...* Stuttgart: Kreuz, 1987.

TEUTSCH, GOTTHARD M.: *Mensch und Tier: Lexikon der Tierschutzethik.* Göttingen: Vandenhoeck und Ruprecht, 1987.

Tier und Mensch. Sentenzen zu Tieren, Tierquälerei, Tierversuchen, Broschüre der Tierversuchsgegner Berlin e. V., Berlin, 1991.

WALDEN, SINA, BULLA, GISELA: *Endzeit für Tiere.* Reinbek: Rowohlt, 1984.

Der Autor

Helmut F. Kaplan ist Philosoph und Autor und war Berater mehrerer Tierrechtsorganisationen. Seine frühen Schriften haben wesentlich zur Einführung der Tierrechtsphilosophie in den deutschen Sprachraum beigetragen. Das Buch „Leichenschmaus" gilt als wichtigstes deutschsprachiges Tierrechtsbuch und wurde unter anderem ins Japanische übersetzt. 2019 legte Kaplan mit „Menschenrechte und Tierrechte" das erste philosophische Tierrechtsbuch mit dem Aufhänger Menschenrechte vor.

http://www.tierrechte-kaplan.de
https://www.facebook.com/tierrechte/

Neuere Bücher von Helmut F. Kaplan
(ab 2007)

Der Verrat des Menschen an den Tieren. Vegi-Verlag, 2007.

Freude, schöner Götterfunken: Glück zwischen Schmerz und Tod. Books on Demand, 2007.

Leichenschmaus: Ethische Gründe für eine vegetarische Ernährung. Vierte, aktualisierte Neuauflage. Books on Demand, 2011.

Digitale Höllenfahrt: Zum Katastrophenpotential virtueller Kommunikation. Books on Demand, 2012.

Leben, Lieben, Leiden: Aphorismen. Zweite, erweiterte Neuauflage. Books on Demand, 2012.

Tierrechte: Modetrend oder Moralfortschritt? Books on Demand, 2012.

Schopenhauers Pudel: Warum unsere Liebesobjekte austauschbar sind. Books on Demand, 2013.

Vegan soll keine Religion sein: Für eine realistische Ethik. Books on Demand, 2013.

Tierethik: 10 Gründe für einen anderen Umgang mit Tieren. Books on Demand, 2014.

Tierrechte: Wider den Speziesismus. Books on Demand, 2016.

Tierrechte - Das Ende einer Illusion?: Warum es die Tierrechtsbewegung so schwer hat. Books on Demand, 2017.

Menschenrechte und Tierrechte: Solidarität mit den Leidensfähigen. Books on Demand, 2019.